KB242591

지방재정지출의 결정요인

| 정 현 영 지음 |

지방재정지출의 결정요인

KCSI 한국학술정보[주]

머리말

우리나라의 지방자치는 5 · 16 이후 근 30여 년 동안 중단되었다가 1991년에 들어와서 지방의회의 구성으로 일부 부활되었고, 1995년에 이르러서야 주민직선에 의한 지방자치단체장의 선출로 비로소 완전한 지방자치제가 본격적으로 실시되게 되었다. 비록 실시된 지가 얼마 되지 않아 아직 여러 가지 점에서 미숙하고 문제점이 나타나는 등 시행착오를 겪고 있으나, 지방자치제는 풀뿌리 민주주의의 정착을 위하여 반드시 필요한 제도라고 아니할 수 없다.

지방자치시대의 개막은 중앙행정 위주의 집권적 행정체제에서 지방행정 위주의 분권적 행정체제로의 변화를 의미하며, 따라서 주민에 의해 선출된 지방정부가 주민의 의사와 요구를 반영하여 자주적으로 지방행정을 펴나갈 수 있는 제도적 기반이 마련된 것이라고 할 수 있다. 그런데 자주적 지방행정을 위해서 무엇보다도 필요한 것은 바로 재원이며, 이와 같은 자주적 자치재원의 마련 없이 지방자치제가 성공적으로 착근되는 것은 매우 요원한 일이라고 할 것이다. 바로 이러한 이유에서 건전한 지방재정의 육성을 위한 연구와 실천이 필요하다고 하겠다.

지방재정의 연구 가운데 최근에 학계의 많은 관심을 모으고 있는 분야가 바로 이 책의 주제인 지출결정요인론(expenditure determinants study)이다. 1950년대부터 미국을 중심으로 연구되기 시작한 지출결정요인론은 사회경제적 결정론과 정치적 결정론 사이의 변증법적 발전과정을 통해 전개되어 왔으며, 우리나라의 경우에는 1990년대 이후 통계적 분석기법에 정통한 신진학자들이 외국에서 개발된 모형에 기초하여 우리나라 지방정부의 지출을 분석대상으로 한 많은 연구를 수행하였다. 그런데 대부분의 연구에서 분명한 이론적 토대 없이 단지 모형의 설명력을 높이기 위해 다수의 변수들을 분석모형에 포함시키면서 각 연구들 간에 서로 상이한 분석결과가 도출되는 문제점이 드러나고 있다. 대부분의 지출결정요인론에서 채택하고 있는 분석방법인 회귀분석은 변수 간 인과관계에 대한 체계적 검증은 아니며, 단지 상관관계에 기초한 분석일 뿐이다. 즉 인과관계의 설정과 규명은 어디까지나 이론의 영역에 속한다고 할 수 있다. 바로 이러한 점에서 지출결정요인에 대한 이론적 검토가 반드시 선행될 필요가 있다고 하겠다.

이 책의 목적은 우선 외국에서 발전된 지출결정요인론을 우리나라의 지방재정지출에 적용해 보는 것이며, 이를 통해 전통적 지출결정요인론의 한계를 밝히고, 이에 대한 대안적 지출결정요인론을 적용해 봄으로써 궁극적으로는 한국적 상황에 적합한 통합적 이론모형을 정립하고자 하는 것이다.

이 책의 구성은 크게 6장으로 되어 있다.

우선 제1장에서는 지방행정과 재정지출의 관계를 살펴보고, 제2장에서는 지방재정의 현황을 알아보았다. 제3장에서는 재정지출 결정요인론의 전개과정을 살펴보고, 제4장에서는 전통적 결정요인론을 우리나라 지방재정지출에 적용하여 그 한계를 검토했다. 제5장에서는 대안적 결정요인론을 우리의 경우에 적용하여 보았고, 끝으로 제6장에서는 이러한 논의를 바탕으로 우리나라 지방재정에 적합한 통합모형을 정립하였다.

이 책이 나오기까지 많은 도움과 격려를 준 사랑하는 가족들과 동료들에게 고마움을 전하고, 특히 출판을 허락해 준 한국학술정보(주) 임직원 여러분께 감사를 드린다.

2007년 12월

저 자

차 례

제1장
지방행정과 재정지출

- 지방재정의 의의
- 지방재정지출의 연구
- 지방재정지출의 유형과 목적
- 선행연구에 대한 검토

1. 지방재정의 의의

1961년 5 · 16 이후 잠정적으로 중단되었던 우리나라의 지방자치는 1991년 기초 및 광역지방의회가 구성되고, 1995년 제1기 지방자치단체장 선거가 실시됨에 따라 본격적인 지방자치시대의 개막으로 이어지고 있으며, 2006년 제4기 민선 지방정부가 구성되어 현재에 이르고 있다. 지방자치시대의 개막은 그동안 경제발전을 도모하기 위하여 구축 · 유지되어 왔던 경성적 중앙집권적 국가행정체제에서 연성적 지방분권적 시스템으로의 변화를 의미하는 것이다.[1)] 이러한 지방자치시대의 개막과 함께 그 중요성이 특히 강조되고 있는 것이 바로 건전한 지방재정의 육성이다.

지방재정(local finance)은 지방정부가 관할구역 내에서 공적인 욕구 충족을 위하여 필요한 재원을 조달 · 관리하여 이를 정책목표와 합치되도록 지출하는 일련의 경제활동을 의미한다. 중앙재정은 그 목표를 국민경제 전체에 걸친 자원배분의 효율성 제고, 소득재분배, 경제의 안정적 성장 등에 두고 있는 데 비해, 지방재정은 지역주민의 욕구 충족, 지역경제 개발, 복지 증진 등에 그 목표가 있다.[2)] 이와 같

1) 김교성, “지방정부 사회복지비 지출수준의 결정요인 분석”, 한국사회복지학회, 「한국사회복지학」, 제41권(2000), p.68.

이 지방재정은 여러 가지 측면에서 중앙재정과 구별되는데 주요한 차이는 다음과 같다.

첫째, 지방재정은 중앙재정과 달리 지역사회의 교육·도로·주민·의료 등 지역주민의 복지 및 후생과 직접 관계가 있는 지출의 비중이 높은 편이다.

둘째, 국가의 주요 재원은 중앙재정에서 차지하고 있기 때문에 지방자치단체의 수입 중 많은 부분을 중앙재정에 의존하지 않을 수 없다.

셋째, 지방자치단체에 따라 재정규모나 그 내용에 상당한 격차가 있으므로 지방정부 간의 재정조정이 필요할 수밖에 없다.[3)]

이와 같은 지방재정활동의 구체적 내역은 지방정부의 세입 및 세출구조를 통해 살펴볼 수 있다. 세입을 통한 재원조달은 지방세, 중앙정부 보조금, 지방채 발행, 세외수입(수수료 등) 등을 통하여 이루어지고 있으며, 따라서 지방정부의 재정수입(revenue)은 기본적으로 해당 지방자치단체의 경제적 능력에 크게 의존할 수밖에 없는데, 이때 재정수입에 영향을 미치는 구체적 요인을 탐색하고 영향의 정도를 추정하는 연구를 세입결정요인론(revenue determinants theory)이라고 한다.[4)]

---

2) 정병열, 「재정학연습」(도서출판 홍, 2000), p.731.
3) 강혜규, "지방정부 사회복지 지출 결정요인", 연세대학교 대학원 박사학위논문(2005), p.20.

지방정부에 의해 조달된 재원은 일반행정비, 사회개발비, 지역개발비, 산업경제비, 지원 및 기타 경비 등으로 지출되는데, 이때 각 예산항목별 지출(expenditure)의 규모에 영향을 미치는 구체적 요인에 관한 연구를 통칭하여 지출결정요인론(expenditure determinants study)이라고 한다.

지방재정의 특성으로는 다양성, 의존성, 지역성, 응익성 등이 제시되고 있다.[5)]

첫째, 각 지역마다 인구, 경제구조, 경제력 등이 상이하므로, 지역마다 필요한 공공재의 규모와 수준이 차이를 보이게 되고, 이에 따라 지방재정의 규모와 내용도 상당히 다양할 수밖에 없다.

둘째, 지방재정은 기본적으로 국가재정의 일부이며, 그 활동도 국가가 제정한 법규의 테두리 내에서 이루어질 뿐만 아니라 재원의 상당부분을 중앙정부에 의존하고 있으므로, 지방정부의 재정활동은 어느 정도 중앙정부에 의존할 수밖에 없다.

셋째, 지방정부의 활동범위는 관할구역내로 한정되기 때문에 재정의 범위도 지역적 경계 내에 한정되며, 정책결정 시에도 지역의 범위를 초과하여 발생하는 경제적 효과에 대해서

---

4) 김태영, 「도시재정지출의 효과분석 및 개선방안」(서울: 한국지방행정연구원, 2000), p.1.

5) 정병열, 앞의 책, pp.731－732.

는 고려하지 않는다.

넷째, 지방재정은 재정지출과 비용분담의 연계성이 중앙재정보다 강하기 때문에 재원조달 측면에서도 지방재정은 중앙재정과는 달리 응익주의적 요소가 상당히 가미되고 있다.

한편 우리나라 지방재정의 특징으로는 특히 중앙정부의 간섭, 지역 간 격차, 자주성의 미약 등이 지적되고 있다.

첫째, 국가행정체제가 중앙집권적이기 때문에 지방재정에 대해 국가법령에 의한 중앙정부의 제한 또는 감독이 크다.

둘째, 지방자치단체 간에 규모의 크고 작음이 현저하며, 또한 지역 간에 격차가 심하다.

〈표 1〉 지방자치단체별 예산규모

(단위: 억 원)

구 분	계	특별시	광역시	도	시	군	구
예산 규모	1,107,386	141,800	158,171	271,995	295,659	143,210	96,550
	100%	13%	14%	25%	27%	13%	9%
평 균	4,465	141,800	26,362	30,322	3,840	1,627	1,399
최 고 (단체명)	141,800 (서울)	141,800 (서울)	44,411 (부산)	93,528 (경기)	13,217 (성남)	3,058 (북제주)	3,495 (서울강남)
최 저 (단체명)	493 (부산중구)	-	13,171 (울산)	961 (제주)	802 (계룡)	591 (증평)	493 (부산중구)

주: 행정자치부, 「시 · 군 · 구 예산개요」(2004).

위의 표에서 보는 것처럼 지방자치단체별 총예산규모는 시지역(3,840억 원)과 군지역(1,627억 원), 자치구(1,399억 원) 간에 상당한 차이를 보이고 있으며, 개별 기초자치단체로는 성남시(13,217억 원)가 최고, 부산 중구(493억 원)가 최저로 나타나고 있어 26.8배의 격차를 보이고 있음을 알 수 있다.

셋째, 지방정부의 자주적 재원이 빈약하여 중앙정부로부터의 교부금과 보조금에 의존하지 않을 수 없다.

〈표 2〉 중앙정부와 지방정부의 예산비교

(단위: 억 원)

2004년 총예산규모(중앙+지방) 2,467,183(100%)							
중앙정부 1,594,343(65%)		지방정부 872,840(35%)					
		의존재원(34%)			자주재원(66%)		
국 세	기 타	교부세	양여금	보조금	지방세	세외수입	기 타
1,220,686	373,657	126,939	48,546	118,546	319,834	232,284	26,690

주: 예산순계기준임.

위의 표에서 보는 것처럼 2004년 현재 중앙과 지방을 합한 정부의 총예산규모는 246조 7,183억 원이며, 이 가운데 지방정부예산은 35%를 차지하고 있는데 해마다 증가하고 있다. 또한 지방자치단체의 재원을 살펴보면 의존재원이 34%이고, 자주재원이 66%임을 알 수 있다.

2. 지방재정지출의 연구

지방행정은 지방정부의 재정수입 및 재정지출과 직접적으로 관련되어 있으며, 이 가운데 재정지출은 지방에서 필요로 하는 공공서비스를 제공하여 지역주민의 삶의 질을 높이고 궁극적으로는 지방의 경쟁력을 증대시키는 것을 일반적 목적으로 하고 있다. 보다 구체적으로 살펴보면, 지방정부는 재정지출을 통하여 자원의 효율적 배분(efficient allocation)을 시도하고 있으며, 소득재분배(income redistribution) 기능을 수행할 뿐만 아니라, 부분적으로는 재정의 안정화(stabilization) 기능도 담당하고 있다.

다시 말하면 지방정부는 재정지출의 규모나 유형별 지출의 비중을 조정하는 것을 통해 경제적 자원배분이라는 효율성(efficiency)과 소득재분배라는 형평성(equity)을 적절히 조화하는 방식으로 재정지출의 정책적 의미를 표현하고 있다.[6)]

이러한 재정지출과 관련하여 현대 행정국가의 주요한 특징의 하나로서 공공부문의 역할이 점차 확대되고 정부의 지출수준이 급격히 증대하는 것을 들 수 있다. 우리나라의 경우도 이러한 경향의 예외는 아니어서 중앙과 지방을 합

---

6) 김태영, 앞의 책, p.11.

한 총 정부재정규모가 국민총생산(GNP)에서 차지하는 비중은 점차 증가하여 1990년대 이후 30%를 훨씬 상회하게 되었다. 특히 최근에는 지방화시대의 전개에 따라 그동안의 중앙집권적 성향에서 벗어나 지방정부의 지출수준이 중앙정부의 그것보다 상대적으로 더 큰 신장률을 보여주고 있다.[7] 이에 따라 정부의 지출수준이 어떻게 결정되고 이에 영향을 미치는 요인은 무엇인가에 대한 학문적 관심이 커지고 있는 것은 당연한 현상이라고 하겠다.

그런데 그동안 우리나라에서는 지방정부 재정지출결정에 대한 연구가 다른 분야에 비해 상대적으로 매우 드문 실정이었다. 그동안에 이루어진 지방재정에 관한 연구경향을 보면 지방세, 지방교부세, 국고보조금 등 주로 세입 측면에 관한 연구가 주류를 이루고 있음을 볼 수 있다.[8] 따라서 세출예산에 대한 관심이 상대적으로 매우 적었다고 볼 수 있는데, 그 가운데서도 특히 지출결정요인에 대한 실증적 연구는 더욱 부족한 실정이다. 이와 같이 된 데에는 정치문화의 미발달로 인해 국민들이 예산이 어떻게 사용되는지에 대해 별다른 관심을 보이지 않았을 뿐만 아니라 세출결정에 있어서 지방정부가 갖는 재량성이 높지 못했던 점에도

7) 한국지방재정공제회, 「지방재정요람」(1991), p.48.
8) 한인숙, "한국 지방자치행정의 연구경향", 「한국행정학보」, 제19권 제1호(1985), p.6.

그 이유가 있지만, 더 큰 원인은 지방정부의 공공지출을 환경적 요인의 산물인 종속변수로 보기 보다는 공무원이나 행정조직이 이를 임의로 결정할 수 있는 독립변수로 파악한데 있다고 하겠다.[9)]

여기에서 우리나라 지방정부 공공지출의 결정요인에 대한 실증적 연구의 필요성이 제기되는데, 이와 같은 맥락에서 지방정부 지출결정요인에 대해 실증적으로 검토하는 것을 그 내용으로 하는 이 책은 다음과 같은 의의를 갖는다.

첫째, 이론적인 측면에서 외국에서 발전된 지방정부 재정지출 결정요인 연구들을 우리나라의 경우에 적용해 봄으로써 이러한 연구결과가 우리나라의 지방정부 예산결정에 대하여 어떠한 유용성이 있는지를 밝힐 수 있을 것이다.

둘째, 특히 '정치 대 경제'(politics vs economics)로 상징되는 전통적 지출결정요인론의 한계를 밝히고, 대안적 지출결정요인론을 적용해 봄으로써, 한국적 상황에 적합한 통합적 이론모형을 정립할 수 있을 것이다.

셋째, 지방정부 공공지출결정에 관한 경험적 연구를 통해 지방정부 재정지출의 결정요인을 실증적으로 밝힘으로써 지방정부 세출예산 결정이나 정책개선에 이바지할 수 있을 것이다.

---

9) 강인재, "지방정부 공공지출의 결정요인과 결정과정에 관한 연구", 서울대학교 박사학위논문(1987), p.3.

3. 지방재정지출의 유형과 목적

지방정부 세출예산분류기준에 따르면 현행 지방재정의 세출기능은 5개 대기능인 '장'과 16개 중기능인 '관'으로 구분되는데, 다음의 표에서 보는 것처럼 대기능인 장은 일반행정비, 사회개발비, 경제개발비, 민방위비, 지원 및 기타경비의 5개 부문으로 구성되어 있으며, 중기능인 관은 입법 및 선거관계 비용, 일반행정비, 교육 · 문화비, 보건 · 생활환경개선비, 사회보장비, 주택 · 지역사회개발비, 농수산개발비, 지역경제개발비, 국토자원보존비, 교통관리비, 민방위관리비, 소방관리비, 지방채상환비, 제 지출금, 교부금, 예비비의 16개 부문으로 구성되어 있다.

이 가운데 지방자치단체의 조직을 유지하기 위한 일상적인 경비지출인 일반행정비, 민방위 활동이나 소방대책을 위한 경비인 민방위비, 그리고 지방행정업무를 지원하거나 예측불가능한 경비부족에 대비하기 위한 지출항목인 지원 및 기타 경비를 제외하고 지출의 정책적 의미가 있다고 판단되는 사회개발비와 경제개발비를 중심으로 지출의 이념적 목적이나 지출목표를 살펴보면 다음과 같다.[10)]

10) 김태영, 앞의 책, pp.12 – 13.

〈표 3〉 지방재정지출의 유형

대기능(장)	중기능(관)
일반행정비	입법 및 선거관계 일반행정비
사회개발비	교육 · 문화비 보건 · 생활환경개선비 사회보장비 주택 · 지역사회개발비
경제개발비	농수산개발비 지역경제개발비 국토자원보존개발비 교통관리비
민방위비	민방위관리비 소방관리비
지원 및 기타 경비	지방채 상환비 제 지출금 교부금 예비비

먼저 교육 · 문화비는 우리나라의 현행 지방자치제의 경우 일반행정의 재정부문이 교육재정과 분리되어 운영되므로 실제로 교육비에 투입되는 지출액은 미미하며, 주로 문화재관리, 문예진흥, 체육부문 등에 재정지출이 집중되어 있다.

보건 및 생활환경개선비는 보건, 환경, 녹지관리와 관련된 분야에 사용됨으로써 지역을 쾌적하고 위생적인 공간으로 보존하고 가꾸는 데 지출목적이 있다. 보건관리의 경우 보건소 운영, 전염병 관리 등에 지출이 이루어지고 있고, 환경관리와 관련해서는 오폐수처리, 상하수도, 청소, 쓰레기 등에 지출이 쓰이고 있으며, 녹지관리는 하천, 공원관리 등에 주로 예산이 지출되고 있다. 따라서 보건 및 생활환경개선비의 경우 보건소나 의료원 운영 또는 전염병 관리, 기타 청소관련 지출의 비중이 크다는 점에서 어느 정도 형평성을 목적으로 하는 지출의 성향을 보인다고 하겠다.

사회보장비는 사회적 보호를 필요로 하는 개인이나 계층을 대상으로 그들의 사회경제적 지위를 보호해 주는 것을 목적으로 하는 세출과목이다. 생활보호대상자를 재정지출의 주요 대상으로 삼고 있지만, 장애인, 아동, 노인, 여성, 청소년 등 사회적 보호를 필요로 하는 집단에 대한 복지서비스 제공 또한 그 대상에 포함되고 있다. 따라서 사회보장비는 그 성격상 소득재분배의 정책적 목적을 달성하려는 측면이 강하다고 할 수 있다.

다음으로 주택 및 지역사회개발비는 주택사업, 도시개발 및 지역사회개발과 관련된 사업에 사용됨으로써 지역의 경쟁력을 확보하고자 하는 세출과목이다. 그러나 주택사업의 경우 대부분의 주택건설은 주로 민간부문에서 담당하고 있는 것이 현실이며, 또한 기타 구획정리, 재개발, 공공임대주택 등의 개발사업은 특별회계로 처리되고 있다. 따라서 실제로 주택 및 지역사회개발비의 용도는 도시계획, 공업단지 조성, 오지종합개발, 재해취약지 개선 등 도시 및 지역사회 개발에 집중되어 있다. 결국 주택 및 지역사회개발비의 경우 일반회계에서 취급하는 부문은 주로 단지조성이나 도시 개발이기 때문에 효율성에 초점을 맞추고 있는 지출이라고 할 수 있다.

농수산개발비는 전업농 육성 및 농촌지도자 육성 등 정예인력육성, 경지정리 및 용수개발 등 농업생산기반 조성, 공판장건설 및 특산단지 조성 등 유통특작지원, 분뇨처리시설 및 종축장 운영 등 축산지원, 어장환경정화 및 어촌종합개발 등 수산지원, 지역농업개발센터 및 농작물경쟁력 제고 등 농촌진흥 등에 사용되는 세출과목으로서 주로 상대적 소득이 낮은 농어촌의 1차산업 종사자가 주요 지출수혜자인 점을 감안할 때 형평성을 제고하는 데 초점이 맞추어진 재정지출이라고 할 수 있다.

지역경제개발비는 공업단지 조성을 비롯하여 중소기업지원, 광산진흥, 종합유통단지, 새마을소득사업 등 주로 지역의 제조업 및 광업과 관련된 분야에 사용되며, 결국 지역산업을 촉진시켜 고용을 확대하고 소득을 증대시켜 지역의 경쟁력을 확보하고자 하는 것이 이 지출의 목적이다. 지역경제비의 재정지출효과는 여러 가지 형태로 나타날 수 있겠으나 고용창출이 대표적이라고 할 수 있으며, 따라서 효율성을 강조한 지출이라고 하겠다.

국토자원보존비는 산림병충해방제, 조림 및 육성, 하천 정비 및 준설, 재해위험지구개선, 각급 도로의 개설 및 관리 등 주로 산림자원개발, 치수나 재해대책, 그리고 건설관리에 지출이 이루어지기 때문에 효율성보다는 형평성에 좀 더 비중을 두는 지출로 판단된다.

마지막으로 교통관리비는 지하철건설, 지역교통난 해소, 공공주차장 건설, 교통시설 등에 소요되는 세출과목으로서 형평성과 효율성 모두에 초점을 맞춘 지출이라고 볼 수 있다.

4. 선행연구에 대한 검토

지방재정지출을 소재로 한 연구로는 지방정부 재정지출의 결정요인 분석, 지방재정자립도 혹은 재정분권화의 결정요인 분석, 지방자치제 실시에 따른 재정지출변화 및 결정요인 연구, 지방세출격차의 결정요인 연구 등이 있다. 재정지출을 분석대상으로 한 연구는 오랫동안 축적되어 왔으며, 지역 간의 재정지출격차를 설명하기 위해 재정지표를 중심으로 실증분석을 시도해 왔는데, 이를 몇 가지 관점으로 구분하면 다음과 같다.

첫째, 연구대상을 중앙정부로 하는 경우와 지방정부로 하는 경우가 있으며, 지방정부를 연구대상으로 하더라도 지방정부 간 관계(중앙정부－광역자치단체－기초자치단체)에 초점을 맞춘 경우가 있다. 둘째, 분석대상을 세출예산 전반으로 하는 경우와 기능별 세출예산 특히 사회복지지출에 초점을 두는 경우가 있다. 셋째, 연구목적에 따라 지방분권화 혹은 지방자치제의 영향을 밝히려는 경우와 예산의 결정요인을 설명하려는 경우, 그리고 지출분석을 통하여 지역 간 지출격차 분석에 목적을 둔 경우 등이 있다.[11)]

우선 외국의 경우 지방재정지출 결정요인론은 크게 3가지 흐름, 즉 경제적 제약이론(economic constraint), 정치적 선택이론(political choice), 그리고 점증주의 이론(incrementalism perspective)으로 전개되어 왔다.[12)]

먼저 경제적 제약이론은 지방정부가 수행하는 정책은 지방정부의 경제적 이익에 의해 제약을 받는다는 것으로 개발정책을 선호하는 지방정부는 경제성장에 저해되는 복지정책을 최대한 기피한다는 것이다.[13)] 즉 지방정부는 경제성장에 최우선을 두어 경제발전 정책에 치중하는 반면, 재분배적 정책인 복지부문을 상대적으로 등한시하는 경향을 보인다는 것으로서, 지방정부 재정지출에 있어서 경제적 요인

11) 강혜규, 앞의 글, p.28.
12) 김교성, 앞의 글, p.70.
13) P. E. Peterson, *City Limits*(Univ. of Chicago Press, 1981).

의 중요성을 강조한 것이다. 예컨대 Wilensky는 경제성장을 복지국가 발생의 일반적이고 근원적 원인으로 지적하면서 복지국가를 이룩하려면 사회복지비 지출이 있어야 하는데, 만일 경제적 자원이 부족할 경우 이는 불가능하다고 하였다. 따라서 산업화에 의한 소득의 증가를 통해 복지비용의 조달이 가능하다는 점을 언급하면서 지방재정지출에 있어서 경제적 요인의 중요성을 강조하고 있다.[14)]

다음으로 정치적 선택이론은 지방예산의 지출규모와 수준의 결정에 있어서 정치참여나 정당 간 경쟁, 다수당의 규모, 당파성 등 정치적 변수의 중요성을 강조하는 것이다. 즉 정치참여와 후보 간 경쟁률이 높을수록 지방정부의 정책결정자가 지역주민의 의사에 민감하게 반응하여 사회복지분야의 지출을 증대시킬 것으로 가정한다.[15)] 따라서 이들은 이러한 이유로 선거라는 제도적 장치를 통하여 지역주민들의 욕구가 정치과정에 효과적으로 반영될 수 있다고 보며, 지역주민의 정치적 압력과 정치적 활동의 강도가 지방정부의 지출결정에 영향을 미치는 주요한 요인으로 작용한다고 본다.

---

14) H. Wilensky, *The Welfare State and Equality*(Berkely: Univ. of California Press, 1975).

15) 남궁근, "우리나라 지방정부 지출수준의 결정요인 분석", 「한국행정학보」 제28권 제3호(1994).

마지막으로 점증주의 이론은 정책결정자들의 인지능력의 한계와 제한된 정보로 말미암아 지방정부가 전년도 예산을 기초로 한정된 몇 개의 요소만을 고려하여 점증적으로 예산을 결정한다는 것으로서, 이에 따라 지방정부의 재정지출은 전년도 예산을 기준으로 부분적인 수정이나 점증적 변화에 의하여 결정된다고 본다.[16] 결국 점증주의에 따르면 지방정부는 현재의 사업이나 정책, 세출 등을 기초로 하여 새로운 사업이나 정책 또는 현행사업의 증감 등을 행한다는 것이다.

한편 우리나라 지방정부예산을 분석대상으로 한 선행연구는 그동안 일천한 지방자치의 역사로 인해 매우 제한적인 규모였으나, 최근에 와서 지방재정에 대한 관심이 커지면서 지방재정지출 결정요인에 대한 실증적 연구가 대폭 증가하고 있는 실정이다.

먼저 강인재는 9개 광역자치단체의 세출예산을 대상으로 결정요인분석을 시도하였는데, 분석결과 지역사회의 경제적 요건이 자치단체 간 재정지출의 차이를 대부분 설명하고 있을 뿐 투표율이나 정당 간 경쟁과 같은 정치적 변수의 영향력은 나타나지 않았다고 밝혔다.[17]

---

16) A. Wildavsky, *The Politics of Budgetary Process*(Boston: Little Brown, 1985).

17) 강인재, "지방정부 공공지출의 결정요인과 결정과정에 관한

김성희는 광역지방정부와 기초지방정부를 대상으로 1970년부터 1987년까지의 재정지출의 변화를 다중회귀분석기법으로 분석하였는데, 분석결과 소득의 증대 및 인구밀도, 보조금 등이 재정지출의 변화에 영향을 미치고 있음을 발견하였다.[18]

이홍재는 1972년부터 1990년까지 우리나라 광역자치단체의 재정분권화를 다중회귀분석 기법을 이용하여 분석하였는데, 분석결과 정치 · 행정적 요인 중에서는 공무원 수, 제도 및 정책적 요인으로는 교부금정책, 보조금정책, 세재개혁 등이 재정분권화에 영향을 미치고 있다고 주장하였다.[19]

안희영은 1994년부터 1998년까지 우리나라 광역자치단체의 사회복지비지출을 대상으로 결정요인분석을 시도한 결과, 사회경제적 요인으로 재정자립도, 인구밀도, 노인부양지수, 생활보호대상자비율 등이 지방재정교부금 등의 정치행정적 요인과 함께 사회복지비 지출에 영향을 미치고 있는 것으로 밝혔다.[20]

연구", 서울대학교 박사학위논문(1987).

18) 김성희, "지방정부의 공공지출변화요인에 관한 분석적 연구", 연세대학교 박사학위논문(1990).

19) 이홍재, "우리나라 재정 지방분권화의 결정요인에 관한 연구", 성균관대학교 박사학위논문(1993).

20) 안희영, "한국 광역자치단체의 사회복지비지출 결정요인에 관한 연구", 명지대학교 박사학위논문(2000).

남궁근은 260개 기초자치단체의 1992년도 횡단면자료(cross-sectional data)를 사용하여 총지출 및 각 기능별 지출에 대해 회귀분석한 결과, 점증주의와 정치참여수준, 재정의존도 등의 변수들이 세출예산의 결정에 영향을 미치고 있다고 보았다.[21]

김병훈은 74개 도시정부를 대상으로 1993년 총지출의 정부 간 차이에 대해 횡단면적 분석을 하였는데, 인구수 및 인구밀도 등의 사회경제적 요인이 1인당 국세부담액 및 1인당 이전지출액 등의 재정구조적 요인과 함께 지방정부지출에 영향을 미치는 것으로 분석하였다.[22]

손희준은 1988년부터 1996년까지 서울을 제외한 도시정부를 대상으로 세출예산의 변화를 다중회귀분석을 통해 분석하였는데, 인구밀도, 자동차보유율, 1인당 지방세부담액 등과 같은 사회경제적 요인이 점증적 요인과 함께 지방재정변화에 영향을 미쳤다고 분석하였다.[23]

김교성과 이재완은 총지출 중 사회복지지출의 비율과 결정요인을 16개 광역자치단체를 대상으로 시계열분석

---

21) 남궁근, "우리나라 지방정부 지출수준의 결정요인 분석", 「한국행정학보」 제28권 제3호(1994).

22) 김병훈, "지방정부지출의 결정요인에 관한 연구", 「한국행정사학회지」 제4호(1995).

23) 손희준, "지방재정지출의 변화와 결정요인 분석", 「사회과학논총」 제18집(1997).

(1995~1998년)하였는데, 경제개발비 비율, 재정자립도, 복지출수준의 증감률을 결정변수로 보았으며, 이에 근거하여 우리나라 지방정부의 재정지출의 결정이 정치적 선택의 관점보다 경제적 제약 관점 및 점증주의 이론에 의해 설명될 수 있다고 주장하였다.24)

김수완은 지방자치제가 기초자치단체의 복지정책에 미친 영향을 분석하였는데, 1990~1995년 자료를 대상으로 통합 시계열분석을 실시한 결과 국고보조금 비율이 복지지출의 비율을 증가시켰다고 주장하여 제도적 관점의 타당성을 입증하였다.25)

---

24) 김교성 · 이재완, "지방정부 사회복지비 지출수준의 결정요인 분석", 「한국사회복지학」 제41권(2000).

25) 김수완, "한국 지방자치제가 지방정부의 복지예산에 미친 영향에 관한 연구", 서울대학교 석사학위논문(1998).

제2장
지방재정의 현황

- 지방재정규모의 추이 및 변화
- 지방세입구조의 추이 및 변화
- 지방세출구조의 추이 및 변화
- 중앙재정과 지방재정 간 재원배분 현황
- 지방자치단체별 세입구조 현황
- 지방자치단체별 세출구조 현황

1. 지방재정규모의 추이 및 변화

지방재정의 현황[26] 가운데 먼저 지방재정의 세출결산규모를 1991년부터 현재까지 국내총생산(GDP) 및 중앙재정규모와 비교하면 다음의 <표 4>와 같다.

지방재정의 규모를 순계기준으로 파악해 보면, 1991년 21조 8,500억 원이던 것이 2003년 예산기준으로는 78조 1,420억 원으로 약 3.58배 증가하였고, 1991년 이후 연평균으로는 29.8% 증가하였다. 이러한 지방재정 규모의 증가는 특별회계(2.2배 증가)보다는 일반회계(4.4배 증가)의 증가가 상대적으로 더 크게 영향을 미친 것으로 보인다.[27]

---

26) 지방재정의 현황은 재정지출의 결정요인과 관련이 많은 부분인데, 이 부분은 저자의 동학인 손희준 교수와 안소동 박사 및 강혜규 박사의 분석에 크게 의존하였다. 손희준, "지방재정의 실태와 수요전망", 「지방재정」, 121호(2003), pp.21-34,, 안소동, "지방자치단체 재정지출의 결정요인에 관한 연구", 단국대학교 박사학위논문(2004), pp.18-26. 및 강혜규, 앞의 글, pp.10-21.

27) 지방자치단체의 회계는 일반회계(general account)와 특별회계(special account)로 분류되는데, 일반회계는 일상적인 정부의 유지 및 관리를 위한 회계이고, 특별회계는 일반회계와 분리하여 계리할 필요가 있는 경우에 특별히 분리하여 운영하는 회계이다. 일반회계는 조세수입을 주된 재원으로 하여 보편적인 공공서비스를 공급하는 회계이며, 지방자치단체의 특별회계로는 공기업 특별회계와 기타 특별회계 등이 있다.

〈표 4〉 지방재정 규모의 추이(일반회계)

(단위: 10억 원, %)

구 분		1991	1993	1995	1997	1999	2001	2003 (예산)
경상GNP[1] (A)		214,239	265,517 [23.9]	377,349 [42.2]	453,276 [20.1]	482,744 [6.5]	545,013 [12.9]	638,646 [17.2]
중앙 재정[2]	소 계 (B)	39,366	51,187 [30.0]	72,915 [42.4]	92,464 [26.8]	116,473 [26.0]	139,487 [19.8]	155,665 [11.6]
	(B/A)	18.4	19.3	19.3	20.4	26.1	25.6	24.4
	일반회계	31,283	37,268	51,498	63,962	80,137	99,180	111,483
	특별회계	8,033	13,919	21,416	28,502	36,335	40,307	44,182
지방 재정[3]	소 계 (C)	21,850	28,874 [32.2]	36,664 [27.0]	50,958 [39.0]	53,979 [5.9]	67,504 [25.1]	78,142 [15.8]
	(C/A)	10.2	10.9	9.7	13.4	11.2	12.4	12.2
	(C/B)	55.5	56.4	50.3	55.1	46.3	48.4	50.2
	일반회계	13,852	16,969	24,815	37,407	39,758	51,542	60,491
	특별회계	7,998	11,905	11,849	13,551	14,221	15,962	17,651

주: 1) 1995년부터는 GDP적용. [ ]는 증감률임.
2) 중앙재정은 세출결산 순계이나 일반회계는 총계이며, 특별회계는 단순 차감액임.
3) 지방재정은 세출결산 순계기준이고, 2003은 당초예산 기준임.

자료: 내무부·행정자치부, 「지방재정연감」(매년도).

지방재정이 국내총생산에서 차지하는 비중은 1991년 10.2%이던 것이 1995년 9.7%로 가장 낮은 수준을 보였다가 1997년에는 13.4%로 급격히 증가하더니 최근 들어서는 12% 내외로 안정되는 추세를 나타내고 있다. 국내총생산은 1997년 IMF 외환위기의 영향으로 1999년에는 증가세가 급

손희준 외, 「지방재정론」(서울: 대영문화사, 2001), p.332.

격하게 둔화되었으며, 지방재정규모 역시 비슷한 추세로 감소한 반면, 중앙재정은 그 와중에도 26.0%로 지속적인 팽창을 보였다.

또한 지방재정은 중앙재정과의 비교에서는 1995년을 제외하고 1997년까지는 대략 55% 수준을 유지하였으나 1999년부터 50% 미만으로 감소하다가 최근 50% 수준을 회복하였다.

이러한 지방재정규모의 증가율을 국민총생산(GNP) 또는 국내총생산 및 중앙재정과 비교해 보면, 같은 기간 국민총생산이 214조 2,390억 원에서 638조 6,460억 원으로 2.98배 증가한 반면, 중앙재정은 39조 3,660억 원에서 155조 6,650억 원으로 3.95배 증가하여 지방재정의 증가율 3.58배보다 높게 나타났다.

이러한 결과를 통해 지방자치제의 도입이 주민들의 재정수요를 촉발하여 지방재정 규모가 폭증하리라는 예측은 실제와는 일치하지 않으며,[28] 같은 기간 중앙재정 규모의 증가율이 가장 높게 나타나, 도리어 중앙재정 규모의 증가율이 지방재정 규모를 압도하였음을 알 수 있다.

---

28) 지방재정 규모의 증가율은 1991년 지방자치제의 도입 이후보다는 오히려 지방자치제의 도입을 준비하였던 1985년부터 1990년까지의 증가율이 상대적으로 더 높았던 것을 알 수 있다. 김범식 · 손희준 · 송영필, 「지방재정지출의 특성분석 및 정책적 시사점」(삼성경제연구소, 1997).

결국 우리나라의 재정확대는 같은 기간 국내총생산액의 증가율을 능가하였는데 그중에서도 중앙재정의 팽창이 지방재정보다 더 컸다는 사실을 유념할 필요가 있다. 왜냐하면 그동안 3차례의 정권이 교체되면서 정권교체 때마다 '작고도 강한 정부'를 지향하는 정부혁신과 조직개편 등 개혁안이 발표되고 추진되어 왔으며, 동시에 중앙정부의 기능과 사무를 지방으로 이양해 왔다.[29] 여기에다가 지역개발세, 주행세, 지방교육세 등 지방세목이 추가로 신설되었고, 담배소비세, 재산세, 주민세 등 기존 세목의 과세대상 확대와 세율인상 등이 지속적으로 이루어져 왔음에도 불구하고, 지방재정의 규모가 상대적으로 낮은 증가율을 보였다는 사실은 상대적으로 중앙재정의 운영에 비효율성과 낭비적 요소가 없었는지 의구심을 갖게 한다.

29) 예를 들어 1999년부터 2002년까지 총 747건의 중앙정부 사무가 지방자치단체로 이양되었다. 이상용 · 라휘문, "국세와 지방세의 효율적 재배분방안", 「제5회 지역발전포럼 발표논문집」(2003).

2. 지방세입구조의 추이 및 변화

지방자치단체의 수입은 자체수입으로서 지방세, 세외수입, 지방채 등이 있고, 의존수입으로서 지방교부세, 재원조정교부금, 지방양여금, 보조금, 재정보전금 등이 있다. 이 중 일반재원으로 분류되는 지방세, 세외수입, 보통교부세 및 교부금, 재정보전금 등의 비중이 높을수록 재정운영의 탄력성이 높고 지방재정의 자주성이 보장되는 것으로 보고 있다.

한편 지방재정에 대한 상급단체의 지원구조를 살펴보면, 국가에서 지방자치단체로는 국고보조금, 지방교부세, 지방양여금 등이 지원되고, 광역자치단체에서 기초자치단체로는 시·도비보조금, 조정교부금, 재정보전금 등이 지원된다. 또한 지방정부 간의 재정균형을 목적으로 개입하는 방식으로 지방재정조정제도가 있는데, 이는 지방자치단체의 부족한 재원을 보충하고 각 지방자치단체 간의 재정수준을 균등화시키기 위하여 필요한 재원을 지원하는 것이다. 이에는 중앙정부가 지방자치단체에 지원하는 지방교부금, 지방양여금, 국고보조금과 시·도가 하위 지방자치단체에 지급하는 조정교부금, 보조금 등이 있다. 이와 같은 지방재정조정제도가 필요한 원인으로는 지역 간 외부성, 지역 간 재정력 격차의 해소, 조세행정의 효율성 및 역할 위임 등이 지적되고 있다. 특히 지역 간 경제력 및 재정력 불균등은 정치 · 사회적 불안정과 지역갈등을 초래할 수 있는 요인으로 작용하기 때문에 국가 전체의 후생증대 측면에서도 적정수준의 재정균등도를 유지할 필요가 있다는 것이다.[30)]

이와 같은 지방재정 세입구조의 현황을 일반회계를 기준으로 파악하면 다음의 <표 5>와 같다.

〈표 5〉 지방재정 세입결산 순계추이(일반회계)

(단위: 억 원, %)

구 분	1991	1993	1995	1997	1999	2001	2003 (예산)
합 계	199,035 (100.0)	236,999 (100.0)	366,671 (100.0)	507,649 (100.0)	537,724 (100.0)	715,088 (100.0)	604,912 (100.0)
지 방 세	80,350 (40.4)	110,257 (46.5)	153,169 (41.8)	184,977 (36.4)	185,685 (34.5)	266,397 (37.3)	288,165 (47.6)
세외수입	60,716 (30.5)	59,934 (25.3)	90,324 (24.6)	166,917 (32.9)	157,593 (29.3)	183,375 (25.6)	68,668 (11.4)
지방교부세 1)	34,524 (17.3)	44,124 (18.6)	56,713 (15.5)	70,298 (13.8)	69,187 (12.9)	123,499 (17.3)	114,813 (19.0)
지방양여금	5,570 (2.8)	602 (0.3)	18,701 (5.1)	28,763 (5.7)	29,061 (5.4)	46,281 (6.5)	47,250 (7.8)
보조금 2)	17,875 (9.0)	17,434 (7.4)	32,189 (8.8)	43,331 (8.5)	78,912 (14.7)	90,387 (12.6)	83,990 (13.9)
지방채	-	4,648 (1.9)	15,575 (4.2)	13,361 (2.6)	17,286 (3.2)	8,146 (1.1)	2,026 (0.3)

주 1) 증액교부금도 포함.
2) 2001년부터 조정교부금, 재정보전금 포함.
자료: 내무부·행정자치부, 「지방재정연감」(각 연도) 및 「지방자치단체예산개요」(2003).

30) 정병열, 앞의 책, pp.740－742.

세입부문에 대해서는 지방자치제의 도입이 지방세수입과 세외수입 등 자주재원의 비중을 향상시키는 데 도움이 될 것이라는 예상과, 각종 투자사업에 대한 재원부족으로 인하여 지방채 발행이 급증하지 않을까 하는 우려가 있었다.

2001년 결산을 기준으로 증감률을 비교하면, 세입규모는 3.6배 증가하였고, 지방세는 3.3배, 세외수입은 3.0배, 지방교부세는 3.6배, 지방양여금은 8.3배, 보조금은 5.1배, 지방채는 1.8배 증가하여, 세입규모의 증가가 주로 교부세와 양여금, 보조금 등 의존재원의 증가에 기인하였음을 알 수 있다.

재정세입의 근간인 지방세수입의 비중은 1991년부터 1995년까지는 40%를 초과하다가, IMF직후 35%대까지 급격히 감소하였다가 최근 38% 내외 수준으로 향상되었고 2003년에는 47.6%까지 증가할 것으로 예측되었다. 그러나 전반적으로 감소추세를 보이는 것은 세목 신설과 세제개편을 통해서도 세수증대가 용이하지 않음을 보여주고 있다. 동시에 세외수입의 비중도 1991년에는 30%를 상회하던 것이 계속 감소하다가 1997년 32.9%로 가장 높은 비율을 나타냈고, 다시 감소추세로 돌아서고 있다.

이에 따라 전체 세입 중 지방세수입과 세외수입이 차지하는 비중을 나타내는 재정자립도는 지방자치제의 부분적 도입기간인 1995년까지 평균 71.4%로 다른 기간에 비해 월등히 높은 것을 알 수 있다. 특히 자치단체장 직선 2기에 해당하는 1999년부터 낮아지고 있는데, 이는 물론 지방교부세 등 이전재원의 비중이 그만큼 높아졌기 때문이지만, 지방재정의 자율성과 건전성이 악화되고 있다는 것을 보여주고 있는 증거이다.

의존재원 중에서 지방교부세는 1993년까지 비중이 상대적으로 높았다가 계속 감소하더니 2001년부터 증가추세로 돌아섰다. 지방양여금은 지방자치제 도입초기인 1991년과 1993년을 제외하고는 5%를 유지하다가 2001년부터 6%를 상회하고 있다. 문제는 보조금으로, 1991년과 1993년의 지방자치제 부분적 도입기와 자치단체장 직선 1기에는 8%내외 수준에 머물다가 직선 2기에 와서 계속 증가하여 13%대를 유지하고 있는데, 이는 지방재정의 의존성이 더욱 증가하였음을 보여준다.

지방채수입은 1995년 4.2%에서 지속적으로 감소하고 있다. 금액으로는 1997년 1조 7,286억 원에서 계속 줄어 2003년에는 최저수준인 2,026억 원에 불과함을 알 수 있다. 이는 1997년 IMF사태 이후 지방채발행을 엄격하게 통제하였기 때문인 것으로 판단된다.

결국 전반적으로 지방자치제의 도입에 따라 자주재원의 비중이 크게 증가한 것은 결코 아니었음을 알 수 있다.

3. 지방세출구조의 추이 및 변화

우리나라의 지방재정 지출구조를 기능별 분류에 따라 살펴보면 일반행정비, 사회개발비, 경제개발비, 민방위비, 지원 및 기타 경비의 5개 장으로 구성되어 있음을 알 수 있다. 지방세출의 기능별 분류는 지방정부가 수행하는 중요한 기능에 따라 세출을 분류하는 것으로서 예산정책의 수립을 용이하게 하고 또한 예산심의를 돕는 데 주목적이 있다. 이와 같은 기능별 분류는 시민들에게 지방정부 재정활동의 방향에 관한 정보를 용이하게 제공해 줄 수 있기 때문에 흔히 '시민을 위한 분류'라고 불린다.[31)]

이 가운데 우선 일반행정비는 지방자치단체의 조직을 유지하기 위한 일상적인 경비지출로 입법 및 선거관리비, 일반행정비로 구성된다. 다음으로 사회개발비는 지방자치단체의 교육과 문화예술 및 사회복지 관련 지출로 교육 및 문화비, 보건 및 생활환경개선비, 사회보장비, 주택 및 지역사회 개발비의 과목으로 구성되어 있다.

한편 경제개발비는 지역경제 개발을 위한 지역산업 육성과 국토자원의 보존과 개발을 위한 경비들로 농수산 개발비, 지

---

31) 유훈, 「지방재정론」(서울: 법문사, 2000), p.270.

역경제 개발비, 국토자원보존 개발비, 교통관리비로 구성되어 있다. 그리고 민방위비는 재난이나 비상에 대비하기 위한 민방위 활동과 소방대책을 위한 경비로 민방위 관리비, 소방관리비로 구성되어 있다. 마지막으로 지원 및 기타 경비는 주로 직접적인 지방행정 업무의 수행이라기보다는 이를 지원하거나 예측 불가능한 경비 부족에 대비하기 위한 지출 항목으로 지방채 상환비, 제 지출금, 교부금, 예비비로 구성되어 있다.

세출부문과 관련된 논의의 초점은 자치단체장이 직선제로 선출되면 지역의 경제성장을 위해 지방정부의 세출을 지역개발부문에 치중할 것이라는 경제발전 모형[32]과 계속적인 집권을 위해서 정치적인 안정과 지지가 무엇보다도 중요하기 때문에 지역개발보다는 사회복지지출에 보다 중점을 둘 것이라는 정치안정화 모형[33] 등이 상반된 결과를 예측했기 때문이다.

이러한 논의를 실증적으로 검증한 연구결과를 보면, 단체장의 직선 이후 개발정책의 강화와 함께 사회복지지출 등 재분배정책의 약화가 동시적으로 나타나지 않았음을 확인하였고,[34] 자치단체장의 선거가 부분적 도입기인 지방의회의

---

32) R. Musgrave, *Fiscal Systems(*Yale Univ. Press, 1969).

33) K. Wong, "Economic Constraint and Political Choice in Urban Policymaking", *American journal of political Science,* Vol. 32(1988).

34) 유재원, "민선단체장 출범이후 지방행정의 변화와 전망", 한

구성보다는 더 많은 변화를 초래했지만, 자치단체장 선거이후 지역개발부문보다는 사회복지지출을 더욱 강화한 것으로 분석되기도 하였다.[35] 또한 대도시 지역은 재분배정책에 대해 상대적인 치중한 반면, 비대도시 지역은 재분배정책의 상대적 약화를 나타내기도 하였고,[36] 광역의회 구성이 시와 자치구의 사회복지지출을 감소시킨 반면, 자치단체장 직선은 광역시와 시·군·구의 사회복지지출을 증가시켰음을 확인하는[37] 등 연구결과가 일치하지 않고 있다. 따라서 앞으로 보다 정교한 실증분석이 더 요구된다고 하겠다.

지방재정의 기능별 세출구조를 일반회계와 특별회계를 합한 순계규모로 파악하면, <표 6>과 같은데, 특별회계를 합한 이유는 세출의 사업적 성질을 파악하기 위해서이다.

일반회계와 특별회계를 합친 총세출 규모는 1991년 21조 8,501억 원에서 2003년 예산에서는 78조 1,425억 원으로

국지방자치학회, 「지방자치연구」 제8권 제4호(1996), pp.79-98.

35) 손희준, "지방자치제 실시에 따른 지방재정지출의 결정요인 분석", 한국행정학회, 「한국행정학보」제33권 제1호(1999), pp.81-97.

36) 이승종, "지방자치와 지방정부의 복지정책 정향", 한국행정학회, 「한국행정학보」 제34권 제4호(2000), pp.197-215.

37) 김태일, "지방의회 구성과 단체장 선출이 자치단체 사회복지지출 규모에 미친 영향", 한국행정학회, 「한국행정학보」 제35권 제1호(2001), pp.69-89.

3.6배가량 증가하였다.

이 중에서 일반행정비는 3.7배 증가하였으며, 그 비중이 지방자치제 부분적 도입기에는 16%미만을 유지하던 것이 자치단체장 직선 1기인 1995년 19.7%로 급증하였다가 그 후에 다시 16% 내외로 감소하였다. 이는 1995년 지방선거와 관련된 의회운영비가 2,073억 원이 지출되었을 뿐만 아니라 시·군 통합에 의한 각종 행정비용이 증가하여 나타난 일시적 현상으로 파악된다.

〈표 6〉 지방세출 기능별 결산순계 추이(일반회계+특별회계)

(단위: 억 원, %)

구 분	1991	1993	1995	1997	1999	2001	2003 (예산)
합 계	218,501 (100.0)	288,745 (100.0)	366,642 (100.0)	509,589 (100.0)	539,793 (100.0)	675,048 (100.0)	781,425 (100.0)
일반행정비	34,405 (15.8)	45,269 (15.7)	72,185 (19.7)	89,846 (17.5)	88,898 (16.5)	113,093 (16.8)	125,793 (16.1)
사회개발비	29,487 (13.5)	45,631 (15.8)	58,224 (15.9)	200,293 (39.3)	232,210 (43.0)	323,029 (47.9)	392,906 (50.3)
경제개발비	141,923 (64.9)	189,689 (65.7)	225,141 (61.4)	202,771 (40.0)	198,455 (36.8)	213,071 (31.6)	211,450 (27.1)
민방위비	3,874 (1.7)	4,941 (1.7)	6,329 (1.7)	11,294 (2.2)	10,253 (1.9)	12,793 (1.9)	15,536 (2.0)
지원 및 기타	8,802 (4.1)	3,210 (1.1)	4,758 (1.3)	5,383 (1.0)	9,977 (1.8)	13,061 (1.9)	35,740 (4.6)

주: 1996년 이전의 의회비는 일반행정비에, 사회복지비와 문화 및 체육비는 사회개발비에, 산업경제비와 지역개발비는 경제개발비에 합산했음.
자료: 내무부·행정자치부, 「지방재정연감」(각 연도).

가장 큰 변화는 사회개발비로 무려 13.3배나 증가하였다. 또한 그 비중은 상대적으로 1997년부터 급격히 증가하였는데, 이는 1996년부터 적용하기 시작한 기능별 분류체계상의 과목변경에 따라 과거 산업경제비와 지역개발비에 포함되어 있던 보건 및 생활환경개선비와 주택 및 지역사회개발비가 사회개발비로 편성되면서 증가한 것으로 보이고, 최근 경제개발보다는 사회개발부문에 대해 투자우선순위가 집중된 것에 기인하는 것으로 판단된다.[38)]

반면 경제개발비는 같은 기간 1.5배의 증가에 그쳐 가장 낮은 증가율을 나타냈으며, 그 비중은 1993년의 65.7%를 정점으로 최근 지속적으로 그 비중이 감소하여 2003년에는 28%에도 못 미치고 있다.

민방위비는 1995년까지 1.7%를 유지하다가 1997년 2.2%까지 증가하였다가 그 후 2% 수준을 유지하고 있으며, 지원 및 기타항목은 1991년과 2003년을 제외하고는 1－2%내외 수준을 유지하고 있다.

한편 지방세출의 성질별 분류는 지방자치단체의 재정지

38) 같은 기간 중앙정부 예산의 기능별 세출구조 추이분석을 통해 살펴보면, 중앙정부 역시 1993년까지 방위비의 비중이 전체 세출의 1/4을 차지하는 등 예산의 경직성이 매우 높고, 아직까지도 경제개발부문에 투자를 집중하고 있는 상황이며 사회개발부문에 대한 투자는 지방정부의 역할에 의존하고 있음을 알 수 있다.

출이 어떤 형태로 이루어지고, 특정한 경제적 기능을 갖는 경비가 얼마나 지출되고 있는가를 파악하기 위한 분류방식이다. 이것은 이른바 품목별 분류에 해당하는 것으로서 예산의 집행을 감독하고 경비사용의 적정성을 기하기 위하여 필요한 분류방법이며 우리나라 예산과목에서 '목'이 여기에 해당된다.[39] 성질별 분류는 지방자치단체가 구입하는 재화와 서비스에 대한 정보를 제공해주기 때문에 세출예산 편성의 기초가 될 뿐만 아니라 예산집행의 회계적 기초가 되며, 인건비, 물건비, 이전경비, 자본지출비, 융자 및 출자비, 보전재원, 지방자치단체 내부거래, 그리고 예비비 및 기타 경비가 여기에 해당된다.

지방재정 세출구조를 다시 성질별로 분석해 보면 다음 <표 7>과 같다.

전체적인 세출규모는 1991년 21조 8,501억 원에서 2003년 99조 7,211억 원으로 4.6배 증가하였다.

이 중에서 인건비 비중은 1995년까지 13%대로 증가하다가 1997년부터 11% 수준으로 낮아졌으며, 2003년에는 8.2%에 불과한 수준으로 낮아졌다. 또한 증가율 역시 같은 기간 3.0배로 전체 세출규모의 증가에 비해서도 낮은 수준이다.

---

39) 유훈, 앞의 책, p.276.

물건비는 3.4배나 증가하였는데, 그 비중은 11% 수준에서 자치단체장 직선 1기인 1995년 12.3%와 자치단체장 직선 2기인 1999년 12.0%로 증가하였다가 다시 2003년에는 8.3%로 낮아졌다.

그런데 이와 같이 인건비와 물건비 등 경직성 경비가 줄어들고 있다는 것은 지방재정이 보다 탄력적으로 운영되고 있음을 의미한다.

이전경비는 지속적인 증가추세를 보이고 있는데, 특히 자치단체장 직선기에 그 비중이 급증한 것을 알 수 있다. 자치단체장 직선 2기인 1999년부터 현재까지 예년에 비해 매우 높은 비중을 나타내고 있는데, 이는 최근 급성장한 각종 시민단체와 사회복지 관련 민간단체에 대한 경상이전비의 증가와 관련이 있다고 할 수 있다.

경제개발비와 관련이 높은 자본지출비는 1991년 60.4%에서 자치단체장 직선 1기인 1997년까지 55%수준을 유지하다가, 자치단체장 직선 2기인 1998년부터 지속적으로 감소하여 2003년에는 40% 이하로 낮아졌다. 이러한 현상은 기능별 추이분석에서 경제개발비의 비중이 낮아진 현상과 일치한다.

또한 차입금상환을 위한 보전재원의 비중은 각 기간의 초기에는 4%이던 것이 후반에는 3%로 다소 감소하는데 이는 지방채의 발행규모와 밀접한 관련이 있다.

내부거래는 불규칙한 변화를 보이는데, 최근 매우 높게 나타나고 있다.

예비비는 1995년을 제외하고 매년 3,000억 원 수준을 나타냈으며, 2003년 예산은 4조 5,135억 원을 반영하고 있어 매우 이례적이다.

또한 재정지출의 경직성 정도를 파악할 수 있는 경상적 경비비율[40]은 1991년 29.9%에서 1995년 36.6%로 증가하였다가 1997년에는 35.8%로 다소 감소하였으며 1999년부터 다시 지속적으로 증가하여 2003년에는 42.1%로 증가하였다. 이는 지방재정 세출운영의 경직성이 증가하고 있음을 반영하고 있다.

40) 경상적 경비비율은 경상적 경비가 세출총액에서 차지하는 비율로서, 경상적 경비의 항목은 인건비, 물건비, 경상이전비(출연금, 이자보전, 교부금, 투자적 경비분을 제외한 부담금), 보전재원 중 지방채원리금 상환금, 관서당경비 등을 합한 금액이다(손희준외, 2001: 346).

〈표 7〉 지방세출 성질별 결산순계 추이(일반회계+특별회계)

(단위: 억 원, %)

구 분	1991	1993	1995	1997	1999	2001	2003[1] (예산)
합 계	218,501 (100.0)	288,745 (100.0)	366,642 (100.0)	509,589 (100.0)	539,793 (100.0)	675,048 (100.0)	997,211 (100.0)
인 건 비	27,543 (12.6)	37,914 (13.1)	47,598 (13.0)	59,167 (11.6)	59,205 (11.0)	67,349 (10.0)	81,698 (8.2)
물 건 비	24,131 (11.0)	34,062 (11.8)	45,078 (12.3)	60,374 (11.8)	64,788 (12.0)	71,115 (10.5)	82,656 (8.3)
이전경비	13,716 (6.3)	23,101 (8.0)	41,585 (11.3)	63,192 (12.4)	97,641 (18.1)	136,067 (20.2)	255,469 (25.6)
자본지출	131,905 (60.4)	161,180 (55.8)	204,182 (55.7)	281,019 (55.1)	265,571 (49.2)	304,388 (45.1)	378,670 (38.0)
융자 및 출자	6,262 (2.9)	6,764 (2.3)	5,993 (1.6)	10,546 (2.1)	9,395 (1.7)	12,594 (1.9)	24,591 (2.5)
보전재원	8,817 (4.0)	9,931 (3.4)	15,060 (4.1)	16,417 (3.2)	25,078 (4.6)	25,797 (3.8)	21,043 (2.1)
내부거래	3,292 (1.5)	12,398 (4.3)	6,583 (1.8)	15,986 (3.1)	15,855 (2.9)	54,775 (8.1)	107,945 (10.8)
예비비 및 기타	2,832 (1.3)	3,391 (1.2)	560 (0.2)	2,885 (0.6)	2,257 (0.4)	2,960 (0.4)	45,135 (4.5)

주 1) 총계 예산규모

자료: 내무부·행정자치부, 「지방재정연감」(각 연도) 및 행자부, 「자치단체 예산개요」(2003).

4. 중앙재정과 지방재정 간 재원배분 현황

중앙재정과 지방재정은 이전재정으로 서로 연결되어 있기 때문에 중앙정부와 지방재정 간의 재원배분 현황을 파악하면 다음의 <그림 1>과 같다.

중앙재정과 지방재정 간의 재정규모는 교육재정을 어떻게 분류하느냐에 따라 크게 달라지는데 이러한 차이는 재정경제부와 기획예산처 등 국가중심의 시각과 행정자치부와 지방자치단체 등 지방재정 중심의 시각 차이에서 비롯된다. 2003년 예산기준으로 총 조세수입 중 국세수입은 약 80%를 차지하고 지방세수입은 20%에 불과하다. 그러나 지방교부세와 양여금, 보조금 등 이전재원을 지방으로 이양하고 나면, 국세는 59%가 남고, 지방은 41%로 증가하게 된다. 여기까지는 별반 다른 이론이 없다.[41)]

그러나 교육재정에 대한 이전재원을 배분하고 나면 국세규모는 44%가 되고, 지방세수규모는 37%가 된다. 여기에서 중앙부처는 교육재정은 지방의 몫이기 때문에 지방재정으로 산

41) 물론 이러한 설명에 대해서도 조세수입액 기준보다는 총재정수입액으로 산출해야 한다는 주장이 있다. 손희준, 앞의 글 (2003) 참조.

입해야 한다고 보기 때문에 국가 대 지방의 비율은 44:56으로 지방의 세출규모가 커진다고 주장하며, 반면에 지방의 입장은 교육재정은 엄연히 일반자치와는 분리되어 있기 때문에 지방재정규모에 산입해서는 안 되며, 결국 국가 대 지방의 재정규모는 63 대 37 정도에 불과하다는 주장이다.

여기서는 지방교육부문은 중앙과 지방간의 공동의 영역이며 어느 한 쪽의 책임이나 기능이 아니라, 미래지향적으로 볼 때 매우 중대한 핵심과제로 인식하고 공동으로 노력해야 할 부분으로 남겨 놓고자 한다.

이와 함께 국세와 지방세 간의 세수규모를 일본의 경우와 같이 비교해 보면 다음 <표 8>과 같다.

우리나라는 1970년대와 1980년대까지는 지방세 비중이 10% 수준이다가 1990년대에 들어서면서 20%로 비약적인 발전을 했다. 그러나 그것도 최근에는 둔화되어 1995년부터는 다소 감소하고 있어 우리나라의 조세구조는 지나치게 국세중심임을 알 수 있다.[42] 반면에 일본의 경우는 우리와는 달리 전반적으로 40%수준으로 계속 증가하는 추세임을 알 수 있다.

42) 2003년 현재 지방세수입만으로 인건비를 해결하지 못하는 자치단체가 전체 248개 단체 중에서 61%에 해당하는 151개 단체라는 사실만으로도 지방세수의 취약성을 알 수 있다.

〈그림 1〉 중앙정부와 지방자치단체 간 재원배분 현황

(단위: 억 원, %)

<table>
<tr><th>구 분</th><th colspan="3">중앙정부</th><th colspan="3">지방자치단체</th></tr>
<tr><td>① 조세수입</td><td colspan="3">국세: 1,136,152(80)</td><td colspan="3">지방세: 288,166(20)</td></tr>
<tr><td>② 이전재원 배분후</td><td colspan="3">①-③=842,738(59)</td><td colspan="3">①+③=581,580(41)</td></tr>
<tr><td>③ 지방재정이전</td><td colspan="3">△293,414
-지방교부세: 130,152
-지방양여금: 49,035
-국고보조금: 111,074
-증액교부금(농특포함): 3,153</td><td colspan="3">(+)293,414</td></tr>
<tr><td rowspan="2">④ 교육재정 배분후</td><td colspan="2">중앙정부</td><td colspan="2">지방교육</td><td colspan="2">자치단체</td></tr>
<tr><td colspan="2">②-⑤=
634,389(44)</td><td colspan="2">263,905(19)</td><td colspan="2">②-⑤=
526,024(37)</td></tr>
<tr><td rowspan="2">⑤ 교육재정이전</td><td colspan="2">△208,349 →
-교육교부금:
165,932
-교육양여금:
40,910
-교육보조금:
1,507</td><td colspan="2">(+)208,349</td><td colspan="2"></td></tr>
<tr><td colspan="2"></td><td colspan="2">(+)55,556</td><td colspan="2">△55,556
-지방교육세:
36,688
-교육청전출:
18,868</td></tr>
</table>

자료: 손희준, "지방재정의 실태와 수요전망", 「지방재정」 121호(2003).

〈표 8〉 총 조세에서 지방세의 비중

(단위: %)

구 분	1970	1975	1980	1985	1990	1995	1996	1997	1998	1999	2000
한 국	9.0	10.2	11.7	12.2	19.2	21.2	21.1	20.8	20.2	19.7	18.1
일 본	33.3	36.5	36.6	37.3	34.8	38.0	38.9	39.4	41.2	41.6	40.3

자료: 재정경제부, 「조세개요」(각 연도) 및 日本 總務省, 「地方財政白書」(각 연도).

5. 지방자치단체별 세입구조 현황

지방재정의 실태를 파악하기 위해 자치단체별로 세입구조를 파악하면 다음의 <표 9>와 같다.

2001년 결산기준으로 일반회계 지방세수입은 26조 6,397억 원으로 전체 세입의 37.3%에 달하고 있다. 그러나 이를 자치단체별로 보면, 서울시의 지방세수입은 서울시 총 세입의 80.4%를 차지하고 있으며, 광역시는 55.3%, 도는 35.5%를 차지하여, 이들 서울시와 광역시, 도 등 광역자치단체가 전체 지방세수입의 72.8%를 차지하고 있다. 결국 나머지 27.2%는 73개 시가 17.3%를 차지한 반면, 69개 자치구는 5.5%, 89개 군은 겨우 4.3%를 차지해 이를 단체수로 나누어 평균을 비교하면, 시는 633억 원이며, 자치구는 213억 원인 반면, 군은 129억 원에 불과하다. 실제로 군은 지방세수입의 비율이 10%미만에 불과하다. 이처럼 지방세수입만 비교해도 서울시는 군 평균 지방세수입의 551배나 더 큰 7조 341억 원으로 자치단체 간의 격차는 엄청나다.

〈표 9〉 단체별 일반회계 세입구조 현황(2001년 순계결산)

(단위: 억 원, %)

구 분	합 계	73시	89군	69자치구	9도	6광역시	서울시
합 계	715,088 (100.0)	171,983 (100.0)	119,051 (100.0)	42,591 (100.0)	198,033 (100.0)	95,044 (100.0)	88,387 (100.0)
지 방 세	266,397 (37.3)	46,173 (26.8)	11,522 (9.7)	14,738 (34.6)	70,341 (35.5)	52,534 (55.3)	71,086 (80.4)
세외수입	183,375 (25.6)	69,588 (40.5)	42,379 (35.6)	26,026 (61.1)	19,495 (9.8)	13,258 (13.9)	12,627 (14.3)
지방 교부세	123,499 (17.3)	41,557 (24.2)	51,394 (43.2)	1,061 (2.5)	24,059 (12.1)	5,366 (5.6)	60 (0.1)
지방 양여금	46,281 (6.5)	13,132 (7.6)	12,778 (10.7)	-	15,655 (7.9)	4,714 (5.0)	-
조정 교부금	469 (0.1)	-	59 (0.0)	409 (1.0)	-	-	-
재정 보전금	12 (0.0)	-	12 (0.0)	-	-	-	-
보조금	86,906 (12.2)	168 (0.1)	125 (0.1)	161 (0.4)	67,585 (34.2)	14,284 (15.0)	4,651 (5.3)
지방채	8,146 (1.1)	1,362 (0.8)	779 (0.7)	192 (0.5)	1,362 (0.7)	4,885 (5.1)	29 (0.0)

주: 지방교부세는 증액교부금 포함.

자료: 행정자치부, 「지방재정연감」(2002).

세외수입은 총 세입의 25.6%를 차지하고 있는데, 이 중에서 시가 37.9%를 차지하고 있고, 군이 23.1%, 자치구가 14.2% 등 기초자치단체가 세외수입 전체에서 차지하는 비중은 75.2%로 지방세수입과는 전혀 다른 양상을 보여주고 있다. 반면에 도는 10.6%, 광역시는 7.2%, 서울시가 6.9%를 차지하여 전체의 24.8%를 점유하고 있다. 이러한 사실은 광역자치단체는 현행 조세제도를 통해 재원을 용이하게 확보하고 있지만, 기초자치단체는 수수료와 사용료 등 자구적인 세입확보 노력을 통해 재원을 충당하고 있음을 보여주고 있다.

이처럼 자주재원의 비율을 단체별로 비교해 보면 자치구 95.7%, 서울시 94.7%, 광역시 69.2%, 시 67.3%, 도 45.3%, 군 45.3%의 순서로 서울시보다 자치구가 더 높게 나타났다. 이는 자치구의 경우 지방교부세와 지방양여금 등 국가로부터 이전받는 재정조정재원이 상대적으로 적어 자주재원의 비율이 높게 나타난 것으로 판단된다.

의존재원인 지방교부세는 군에 41.6%, 시에 33.6% 등 전체의 75.2%가 기초단체에 집중 배분되어 있으나 자치구의 경우는 광역시보다도 적은 1,061억 원에 불과한데, 도는 2조 4,059억 원이나 받아 지방교부세 전체의 19.5%나 차지하고 있다.

그러나 지방양여금은 도리어 도에 1조 5,655억 원으로

33.8%나 배분하고 있고, 시에는 28.4%, 군에는 27.6%를 양여하고 있다.

조정교부금은 원래 특별시·광역시와 자치구간의 재원조정을 위해 시세인 취득세와 등록세의 일정비율을 자치구로 이전하는 재원인데, 자치구 전체 세입에서의 비율이 1%에 불과하다. 재정보전금은 도세 징수교부금을 도와 시·군 간에 재정조정을 하기 위해 배분하는 것으로 12억 원에 불과했다.

보조금은 8조 6,906억 원으로 전체 세입의 12.2%를 차지하고 있는데, 단체별로는 도가 6조 7,585억 원으로 보조금 전체의 77.8%를 차지하여 압도적인 비율을 나타냈고, 다음은 광역시로 1조 4,284억 원으로 16.4%를 차지해, 도와 광역시가 전체의 94.2%나 차지하고 있다. 이는 광역시와 도의 기능이 주로 중앙정부의 기능과 사무를 대리하고 있음을 보여준다.

지방채는 8,146억 원으로 1.1%에 불과한데, 광역시가 4,885억 원으로 지방채수입의 60.0%를 차지하고 있고, 다음은 도와 시가 각각 1,362억 원으로 16.7%씩 차지하고 있다.

이러한 단체별 세입구조 비교를 통해 지방자치단체 간 재정격차가 매우 심하다는 것을 알 수 있고, 그 격차가 주로 자치단체의 노력보다는 지방세제와 같은 제도적 차이에서 기인하고 있다는 것도 알 수 있다.

6. 지방자치단체별 세출구조 현황

자치단체별 세출구조의 차이는 다음 <표 10>과 같다.

〈표 10〉 자치단체별 일반회계 세출구조 현황(2001년 순계결산)

(단위: 억 원, %)

구 분	합 계	73시	89군	69자치구	9도	6광역시	서울시
합 계	515,420 (100.0)	158,443 (100.0)	112,719 (100.0)	69,732 (100.0)	70,894 (100.0)	50,813 (100.0)	52,816 (100.0)
인 건 비	62,504 (12.1)	19,345 (12.2)	12,366 (11.0)	16,288 (23.4)	6,904 (9.7)	4,422 (8.7)	3,175 (6.0)
물 건 비	55,901 (10.8)	18,180 (11.5)	12,136 (10.8)	13,009 (18.7)	6,250 (8.8)	3,613 (7.1)	2,709 (5.1)
이전경비	93,244 (18.1)	31,624 (20.0)	17,813 (15.8)	21,183 (30.4)	8,317 (11.7)	8,834 (17.4)	5,472 (10.4)
자본지출	233,480 (45.3)	86,428 (54.5)	68,918 (61.1)	18,062 (25.9)	26,511 (37.4)	16,863 (33.2)	16,696 (31.6)
융자 및 출자	8,603 (1.7)	84 (0.1)	35 (0.0)	3 (0.0)	943 (1.3)	628 (1.2)	6,907 (13.1)
보전재원	7,204 (1.4)	1,431 (0.9)	679 (0.6)	271 (0.4)	1,413 (2.0)	3,345 (6.6)	62 (0.1)
내부거래	52,596 (10.2)	827 (0.5)	316 (0.3)	675 (1.0)	20,076 (28.3)	12,982 (25.5)	17,716 (33.5)
예비비 및 기타	1,885 (0.4)	520 (0.3)	453 (0.4)	233 (0.4)	477 (0.7)	123 (0.2)	76 (0.1)

자료: 행정자치부, 「지방재정연감」(2002).

우선 인건비 비중을 보면 자치구의 경우는 총 세출의 23.4%나 차지하고 있어 인건비 비중이 매우 높고, 그다음은 시, 군, 도, 광역시, 서울시의 순으로 나타났다. 또한 물건비도 자치구의 경우가 18.7%로 가장 높고 나머지는 동일한 순서이다. 결국 자치구는 42.1%를 인건비와 물건비로 지출하고 있으며, 시와 군의 경우가 전체 평균과 비슷한 실정이다.

이전경비 역시 비슷한 경향을 나타내는데, 자치구가 30.4%로 가장 높고 그다음은 시이고, 광역시의 비중이 17.4%로 매우 높다는 점이 특이하다.

자본지출은 대표적인 투자적 경비로 군의 비율이 61.1%로 가장 높아 다소 의외이며, 다음은 54.5%인 시, 도, 광역시, 서울, 자치구의 순이다.

융자 및 출자금은 기초자치단체의 경우는 거의 0에 가까운 수준이나 광역단체는 1%내외이고 서울시만 6,907억 원으로 전체의 13.1%를 차지하고 있다.

보전재원은 기초자치단체의 경우는 대개 1% 내외수준이고, 도는 2%, 광역시는 6.6%를 차지하고 있는 반면 서울시는 가장 낮은 0.1%를 나타내고 있다.

내부거래 역시 기초자치단체와 광역 간에 큰 차이를 보이는데 기초는 1% 내외에 불과한데 광역시와 도는 25－28%대를 나타내고 서울시의 경우는 1조 7,716억 원으로

33.5%를 차지하고 이 규모는 89개 군의 총 인건비보다 큰 규모이다.

예비비 및 기타는 기초단체는 평균인 0.4%내외이고, 광역은 도는 0.7%, 광역시와 서울시는 각각 0.2%와 0.1%를 나타냈다.

제3장
재정지출 결정요인론의 전개

- 서 언
- 사회경제적 결정요인론
- 정치적 결정요인론
- 통합적 결정요인론

1. 서 언

재정지출의 결정요인에 관한 연구는 주로 정책결정요인 연구와 맥을 같이 하는데, 이는 정부예산을 정책결정의 결과로 인식하기 때문이며, 실제로 거의 모든 정부의 공공정책이나 사업들이 재정지출을 수반하지 않은 것이 없으며,[43] 또한 정부예산은 정부활동에 대한 훌륭한 재정적 명세서이기 때문이다. 이와 같은 정책결정요인 연구는 정책결정과정 연구와 더불어 공공정책 결정연구의 한 축을 이루고 있다.

공공정책결정에 관한 연구는 크게 두 가지 방향으로 전개되어 왔는데, 체제 내 접근방법(within－system approach)과 비교체제 접근방법(comparative systems approach)이 그것이다.[44] 전자는 정책이 어떠한 과정을 거쳐 결정되며, 정당, 이익집단, 의원, 공무원 등의 참여자들이 정책결정과정에서 어떠한 영향을 미치고 있는가를 밝히려는 것으로서, 참여자들의 역할과 행태 또는 결정구조에 일정한 패턴이 있는지를 발견하는 데 주안점을 두며, 흔히 정책결정과정

43) 유병욱, “지방정부에 있어서 정책산출의 결정요인 연구”, 「지역사회개발논총」제1집(연세대학교 지역사회개발연구소, 1990), p.89.

44) Thomas R. Dye, *Undrestanding Public Policy*(Englewood Cliffs, N. J.: Prentice Hall, 1984), p.317.

연구라고 지칭되고 있다. 그런데 이러한 과정지향적 연구는 정치-행정체제 내의 역동적인 메커니즘을 파악할 수 있게 해줌으로써 전통적으로 정치·행정학자들에 의해 선호되어 온 것이었으나, 정책결정자들의 행동범위를 제약하는 환경적 맥락을 간과함으로써 정책결정자들의 역할을 과대평가할 가능성이 많다는 문제점을 지니고 있다.

반면에 후자는 정부의 산출인 정책결정에 영향을 미치는 사회경제적 요인 등과 같은 환경적 요인과 정부정책 간의 연계관계를 비교론적 분석방법에 의해 파악하려는 것으로 주로 재정·경제학자들에 의해 선호되어 왔으며, 흔히 결정요인 연구(determinants study) 또는 산출주의(output study)라 불리고 있다. 이러한 비교체제적 접근방법에 따르면 정책은 주로 환경적 요인에 의해 결정되며, 정치-행정체제는 이러한 환경적 요인을 변화시키는 데 있어서 단기적으로 별다른 영향을 미치지 못한다는 결론에 도달하게 된다. 이에 따라 비교체제적 접근방법은 정책결정자들의 역할을 과소평가하고 환경적 요인의 영향을 절대시하는 환경적 결정론에 빠질 우려가 있다.[45]

따라서 정책결정에 대한 보다 완전한 이해를 위해서는 이들 두 가지 접근방법들이 서로 보완적인 관계로 발전되

45) 정헌영, "한국 시정부 복지지출수준의 결정요인", 성균관대학교 박사학위논문(1993), p.15.

어야 할 것이다.[46] 실제로 최근의 결정요인 연구들은 정치-행정체제의 특징을 나타내 주는 변수들을 포함시켜 정책결정에 대한 보다 포괄적인 분석을 시도하고 있음을 볼 수 있다.[47]

이처럼 1950년대부터 시작된 공공정책의 결정요인 연구는 비교체제적 방법론을 사용하여 정책분석의 관점에서 사회경제적 요인이나 정치행정적 요인 등이 정부정책의 결정에 어떻게 영향을 미치는가를 파악하려는 것으로서, Jacob과 Vines에 따르면 결정구조나 과정을 중심으로 한 기존의 연구들이 정부의 정책산출인 재정지출의 결정을 그다지 잘 설명하지 못하였기 때문에 이러한 일련의 새로운 비교연구가 재정지출연구에 있어서 새로운 정설(new orthodoxy)로

---

46) Herbert Jacob and Michael Lipsky, "Outputs, Structure and Power: An Assessment of Changes in the Study of State and Local Politics", *Journal of Politics*, Vol. 30(1968), p.517.

47) 대표적 연구로는 R. E. Dawson and J. A. Robinson, "Interparty Competition, Economic Variables and Welfare Politics in the American State", *Journal of Politics*, Vol. 25(1963); R. Hofferbert, *The Study of Public Policy*(Indianapolis: The Bobbs-Merril Company, 1974); H. Wilensky, *The Welfare State and Equality*(U. C. Press, 1975); R. Lineberry, *American Public Policy*(N. Y.: Harper and Row, 1978); Thomas R. Dye, *Policy Analysis*(University of Alabama Press, 1976) 등이 있음.

등장하였다고 한다.[48)]

정책결정요인론은 정책의 내용을 결정하는 요인이 무엇인가를 밝히는 이론이다. 이와 같은 정책산출 연구의 기본적 논리는 정치체제를 둘러싸고 있는 환경의 요구(demand)와 지지(support)가 정치체제에 투입되고 정치체제는 이것을 정책으로 전환시켜 정책을 산출한다는 것이다.[49)] 그렇기 때문에 정책은 정책환경의 투입내용과 정치체제의 특성에 따라서 그 내용이 달라진다. 정책결정요인론은 이때 정책의 내용을 결정하는 변수로서 환경적 변수(사회경제적 요인)가 중요한가 아니면 정치체제의 특성(정치적 요인)이 중요한가 하는 문제에 대한 학자들 간의 논의내용이 그 중심을 이루고 있으며,[50)] 사회경제적 요인을 강조하는 입장과 정치적 요인을 강조하는 입장, 그리고 혼합적 요인을 강조하는 입장 등 시대와 학자에 따라 연구가 상이하게 전개되고 있다.

재정학자들을 중심으로 초기연구가 이루어진 1950~1960년대에는 사회경제적 요인의 중요성을 강조하는 연구가 주류를 이루었고, 이에 대응하여 1970년대에는 정치 · 행정학자들을 중심으로 점차 정치적 요인의 중요성을 증명하는

48) H. Jacob and K. Vines, *Politics in the American State*(Little Brown, 1971), p.558.

49) 노화준, 「정책학원론」(박영사, 1995), p.349.

50) 노시평 외, 「정책학」(비엔엠북스, 2006), p.33－36.

연구결과가 나타나기 시작했다. 그리고 1980년대에 와서는 양자는 서로 경쟁적 요인이 아니라 보완적이고 상호 결합하여 재정지출의 결정에 영향을 미친다고 합의점을 찾기 시작하였다.[51)]

2. 사회경제적 결정요인론

1950~1960년대에 정부지출 결정요인의 탐구를 위하여 수많은 연구들이 재정학적 시각에서 시도되었다. 이들은 대부분 정부지출이 사회경제적 요인에 의해 결정된다는 사실을 검증하였는데, 이는 연구자들의 학문적 배경이 재정학이었기 때문에 경제적 변수에 치우쳤다는 점과 자료의 원천이 된 통계청(Bureau of Census)의 조사가 주로 사회경제적 특성에 대하여 이루어졌다는 사실에서 기인한다. 이들의 연구대상은 미국의 모든 지방정부지출로 확대되었으며, 이렇게 경제학자들에 의하여 이루어진 연구들은 정책결정요인 연구의 시발이 되었다.

이들의 연구는 1920년대로까지 소급되지만, 이 중 가장

51) 이원희, "한국의 사회보장관련 재정지출의 결정과정에 관한 연구", 서울대학교 박사학위논문(1994), p.32.

종합적이고 이후의 결정요인 연구를 촉발시킨 것으로 평가되고 있는 것은 1952년에 경제학자인 Fabricant에 의하여 수행된 주정부 지출의 결정요인 연구였다.[52] 그는 19세기의 경제학자 Wagner에 의하여 제시된 'Wagner의 법칙'[53]으로부터 3가지의 독립변수(1인당 소득, 도시화, 인구밀도)들을 도출하여 다중회귀분석을 통하여 1900~1942년간의 미국 주정부 및 지방정부 간 교육, 도로, 사회복지, 보건, 의료, 경찰 분야의 지출수준의 차이에 대한 결정요인분석을 시도하였다. 연구 결과, 1인당 소득, 인구밀도, 그리고 도시화의 3변수가 지방정부지출의 72% 이상을 설명할 수 있다고 주장하였으며, 그중에서도 1인당 소득이 지출과 가장 강한 관련을 갖고 있다고 밝혔다.

이러한 Fabricant의 연구는 이후의 연구들에 표준절차를 제공하였다는 평가를 받을 정도로 가설의 설정, 변수의 조작화, 통계기법의 선정 등에 있어서 후속연구들의 전형이 되었다. Fabricant의 주장은 많은 정치 · 행정학자들에게 커

---

52) S. Fabricant, *Trend of Government Activity in the United States Since 1900*(N. Y.: National Bureau of Econimic Research, 1952), pp.523 - 524.

53) Wagner가 제시한 3가지 가설은 첫째, 소득이 증가할수록 정부지출이 증가하고, 둘째, 산업화가 진행될수록 정부지출이 증가하며, 셋째, 인구가 많을수록 정부지출이 증가한다는 것이다.

다란 충격을 안겨 주었다. 당시의 정치·행정학자들은 정책이 정책결정자에 의해 결정되고, 정책결정자는 정치체제의 구조적 특성 및 운영방식 등에 의해서 행동의 제약을 받으므로 정책은 결국 정치체제의 산물이라고 보는 학자들이 대부분이었다.[54] 따라서 이러한 이론적 사고의 틀에 빠져 있었던 당시의 정치·행정학자들에게 Fabricant의 이러한 연구결과는 커다란 지적 충격을 안겨주었을 것임은 너무도 자명한 사실이라 할 수 있다.

한편 이러한 연구는 이후에도 Fisher, Brazer 등과 같은 경제학자들에 의해 계속되었는데, Fabricant의 예를 따라 후속연구들은 Wagner법칙의 세 가지 구성요소들과 밀접하게 관련되게 독립변수들을 구성하였으며, 여기에 그들 자신의 개념을 추가하거나 법칙에 대한 다양한 해석을 시도하는 등 자료수집의 어려움 등으로 인하여 약간의 개념적 변형을 가하였다. Wagner의 세변수를 강조한 이들은 신Wagner주의자(neo－Wagnerian)라고 불리게 되었다.

이러한 신Wagner주의자 중에서 시정부지출을 분석한 학자로는 Brazer가 있다. 그는 1959년에 발표된 논문에서 미국 전역의 인구 2만5천 이상의 462개 시를 대상으로 가구소득, 정부 간 보조, 제조업부문 및 상업부문의 고용, 인구

54) 정정길, 「정책학원론」(대명출판사, 1997), p.94.

밀도, 인구규모 그리고 인구증가율 등 사회경제적 변수들과 부문별 정부지출과의 관계를 분석한 결과, 이들 변수 중 가장 강력한 영향을 미치는 것으로 나타난 것은 인구밀도, 가구소득, 그리고 정부 간 보조라고 밝혀, 재정지출의 결정에 있어서 사회경제적 요인이 정치행정적 요인보다 더 중요한 영향을 미치고 있다고 주장하였다.55)

1962년에 Fisher는 Fabricant의 세 독립변수의 설명력이 1942년의 72%에서 1962년에는 53%로 감소하는 것을 발견하고 2천불 이하 가계소득 비율, 인구증가율, 5년 미만 성인교육비율 등의 3개의 경제적 변수를 추가하여 설명력을 높였으며, 이 연구결과에서도 여전히 1인당 소득이 세출수준의 결정에 가장 큰 영향을 미치고 있다는 사실을 발견하였다.56)

그러나 이러한 경제학자들의 연구결과보다 정치 · 행정학자들에게 더욱 충격을 준 것은 Dawson과 Robinson에 의해 이루어진 연구결과였다. Dawson과 Robinson은 1963년 출간된 논문에서 Key 이래로 정설로 인정되어 왔던 '정치현상이 정책을 결정한다'라는 가설57)의 통계적 검증을 최초

55) H. Brazer, *City Expenditure in the U.S.*(N. Y.: National Bureau of Economic Research, 1959).

56) Glen W. Fisher, "Interstate Variation in State and Local Government Expenditure", *National Tax Journal*, Vol. 17(1964), pp.57 – 74.

로 시도한 결과, 정치현상보다는 경제현상이 정부지출에 더 욱 중요하다는 사실을 밝혀냈다. 그들은 46개 주의 복지지출을 분석하였는데, 1인당 소득이라는 경제적 변수를 통제하고 복지지출과 주지사 지지도라는 정치적 변수와의 상관관계를 계산한 결과 통제하기 전의 높은 상관관계(0.5~0.64)가 크게 저하(−0.22~0.41)되었다는 것을 발견하였다. 반면에 정당 간 경쟁이라는 정치적 변수를 통제하고 1인당 소득과 복지지출과의 상관관계를 계산한 결과는 비록 통제 이전보다 낮아졌으나 여전히 비교적 강한 관계를 유지하고 있는 것으로 나타났다. Dawson과 Robinson은 이러한 분석의 결과로부터 '정당 간 경쟁이 미국 주정부의 복지정책의 내용과 범위의 결정에 중요한 매개변수의 역할을 하지 못하며, 주정부의 복지지출 수준은 도시화, 산업화 등과 같은 사회·경제적 변수들, 특히 1인당 소득의 함수이다'라는 결론에 도달하였다.[58]

또한 Sachs와 Harris는 정부 간 관계에 착안하여 사회경제적 변수 외에 연방보조금이라는 새로운 변수를 추가하여 지방정부 재정지출에 대한 설명력을 높였다. 이들은 세출수

57) 많은 정치학자들은 정당 간 경쟁이 각 정당으로 하여금 가난한 계층(have−not sectors)의 지지를 얻기 위한 노력을 하게 만들 것이고, 따라서 정당 간 경쟁이 치열할수록 이들 가난한 계층을 위한 복지지출이 확대될 것이라고 믿어 왔다.

58) R. Dawson and J. Robinson, *op. cit.*, pp.265−289.

준의 설명요인으로서 사회경제적 변수의 영향력이 감소되는 원인은 정부 간 관계가 긴밀해져 연방보조금이 매개작용을 하기 때문이며, 이러한 현상은 연방보조금이 큰 비중을 차지하는 사회복지정책에서 현저하게 나타난다는 것이다.[59]

Dye는 1966년 체제이론에 입각하여 4개의 경제적 변수(부, 산업화, 도시화 및 교육수준)와 4개의 정치적 변수(정당 간 경쟁, 투표율, 할당의 불공평 정도, 정당통제)를 가지고 교육, 복지, 고속도로 분야 등 90개 이상의 정책산출 지표와의 관계를 분석하였다. 그는 경제적 변수를 통제하면 정치적 변수는 정책산출에 거의 영향을 미치지 못하는 것으로 나타났으며, 따라서 경제적 변수가 정치적 변수보다 정책결정에 있어서 훨씬 더 중요하다는 결론에 도달하였다.[60] 또한 Hofferbert는 1976년에 발표된 논문에서 정당 간 경쟁 외에 정당의 통제력, 주의회의 비례적 공평성을 나타내주는 할당(apportionment), 지역적 특색 등의 변수를 추가하여 상관분석을 시도하였는데, 연구결과 정치적 변수의 영향력은 복지지출의 결정에 독립적이 아님을 밝히고 있다.[61]

---

59) S. Sachs and R. Harris, "The Determinants of State and Local Government Expenditure and Intergovernment Flows of Funds", *National Tax Journal*, Vol. 17(1964), pp.75－85.

60) Thomas R. Dye, *op. cit.*, p.305.

61) Richard I. Hofferbert, "The Relationship between Public Policy and

한편 Rogers는 인구 25,000명 이상의 시정부를 대상으로 한 종합적 연구에서 총지출과 기능별 지출의 결정에 있어서 정부형태, 정당지배, 선거구제 등의 정치적 변수 중 어느 것도 정책결정에 독립적 영향을 미치지 못한다고 결론을 내렸다. 정치적 변수와 정부정책 간의 모든 관계는 양자 모두 경제적 변수와 관계를 가지고 있는 것에서 기인하기 때문이었다.

이와 같이 미국의 주정부 및 지방정부의 정책산출을 대상으로 정치적 변수보다 사회경제적 변수가 더욱 중요한 영향을 미친다는 연구결과가 잇달아 나오게 됨에 따라 몇몇 학자들은 다른 국가들을 대상으로 복지관련지출의 결정요인을 찾아보았는데, 결과는 역시 정당 간 이념의 차이나 국가 간 이데올로기 차이 등도 모두 소득이라는 경제적 변수에 비하면 사회보장비 지출에 거의 영향을 미치지 않는 것으로 나타났다. 한편 Fried는 1971년에 이탈리아 시정부 지출에 관하여 분석하였고, Cutright는 1965년에 76개국의 사회정책에 관하여 분석하였으며, Wilensky는 1975년에 60여 개 국가의 사회정책에 관하여 분석하였는데, 분석결과 정책지출은 정치이념상의 차이 등과 같은 정치체제적 특성

Some Structural and Environmental Variables in the American States", *The American Political Science Review*, Vol. 63(1969), pp.867－869.

보다는 65세 이상의 인구와 사회보장체제의 존속기간 등이 사회보장비의 결정을 좌우하며, 이것들은 국민소득에 의해 크게 영향을 받는다는 사실을 발견하였다.62)

3. 정치적 결정요인론

정치적 변수에 대한 사회경제적 변수의 우월적 영향 주장에 대하여 정치학적 편향을 가지고 있던 정치학자들은 주로 경제적 결정요인론의 방법론상의 문제점을 집중적으로 부각시킴으로써 간접적으로나마 정치적 변수가 여전히 중요하다는 주장을 유지하였다. 미국의 경우 전통적으로 Easton의 체제이론 이래, 정책은 정치과정의 산물이므로 정치체제의 구조, 과정, 행태 등의 정치적 특성이 변화함에 따라 정책의 내용이 달라질 것이라는 견해가 지배적이었다. 이들 특성 중에서 특히 양당의 정치적 경쟁, 투표참여, 의석의 비례성(apportionment) 등이 정책결정에 직접적인 영향을 주는 것으로 이해하여, 실제의 경험적 연구에 앞서 당

62) 노화준, "공공정책 결정요인 연구의 전개과정 및 이론적 배경", 「공공정책의 결정요인 분석」(서울: 법문사, 1993), pp.37-38; H. Wilensky, *op.cit.*.

연한 논리로 인식되었다. 많은 정치학자들은 양당 간의 정치적 균형은 각 정당이 빈곤계층의 지지를 얻기 위한 노력을 증대시킬 것이고, 계속적인 정당 간 경쟁은 집권당으로 하여금 공약사업을 경시하지 못하게 하며, 또한 정당 간 경쟁이 치열하면 선거에서 승리하기 위해 복지정책을 확대하여 추진할 것이라고 보았다.

이처럼 초기의 체제이론적 견해는 경제성장과 정치적 요인 간의 관계에 대해 소위 '경쟁-참여모형'에 입각하여 경제적 자원이 정치적 경쟁·참여를 결정하고, 그리고 이들 정치적 요인은 다시 복지, 교육, 보건, 고속도로, 조세 및 지출정책을 결정한다는 것이다. 그러나 경제학자들은 이러한 가정에 맞서 '정치적 요인이 정책에 독립적 영향을 미치지 않는다'는 결론을 내리고 있었다. 바로 여기에서 정치·행정학자들의 새로운 연구가 싹트게 되었다.[63] 이들은 사회경제적 결정론에 대해 개념의 조작적 계량화, 조사설계 및 표본선정에 있어서의 문제점, 그리고 인과관계의 불명확 등을 주로 비판하였는데, 이러한 방법론상의 문제점을 해결하고 정치적 변수의 중요성을 확인하기 위하여 정치적 변수의 추가 또는 보다 정교한 조작화, 인과모형의 적용, 정책산출지표의 다양화, 시계열분석의 시도, 그리고 다양한 정부수준에의 적용

63) 오승석, "우리나라 사회정책산출의 변화요인에 관한 연구", 서울대학교 박사학위논문(1992), p.41.

등을 시도하였다. 이들의 연구결과 환경변수들보다 정치적 변수가 더욱 중요하다는 것을 확실하게 밝혀내지는 못하였으나 정치체제적 요인이 상당한 정도로 정책산출에 영향을 미친다는 결론에 도달한 것으로 평가되었다. 특히 이들의 연구결과는 시간에 따른 정책변화요인의 변화를 규명하여 정책혁신에 대한 연구를 한층 촉발시켰다고 평가할 수 있다.[64]

이러한 후속적 연구를 통하여 마침내 Castles 등에 의해 정치적 결정론이 대두되게 되었다. 대표적인 학자들로는 초창기 연구로는 Key, Lockard, Fenton 등이 있으며, 이 외에도 정치적 변수가 경제적 변수에 비하여 정책지출에 보다 큰 영향을 미친다는 결론을 도출한 Fry and Winters(1970), 인과모형을 사용하여 정치적 변수의 중요성을 제시한 Tompkins(1975)와 Lewis－Beck(1977)을 비롯하여 Rimlinger, Crittenden, Peters, Collier－Messick, Helco, Schneider, Glennerster, Hicks and Swank, Warham, Lineberry & Fowler 등이 있다.[65]

Key, Lockard, Fenton 등의 초기 연구는 정책의 결정요인으로서 정당 간 경쟁(interparty competition), 투표자의 참여, 주정부 정당통제 등 정치적 변수의 중요성을 강조하였다.[66] Key는 미국 남부 다수의 주에서 정당 간 경쟁 및

---

64) 노화준, 위의 글, pp.38－39.
65) 안소동, 앞의 글, pp.37－38.

정치참여의 부재는 농업경제와 흑인인구의 비중이 큰 것에 일부 그 원인이 있음을 인정하지만, 정당 간 경쟁과 정치참여가 존재하지 않으면 정치가들이 득표를 위해 경쟁할 필요가 없게 되고, 이에 따라 교육, 복지, 보건 및 기타 사회서비스 지출이 감소되고 조세는 역진적(regressive)으로 된다고 주장하였다.[67]

이러한 관계를 '경쟁-참여모형'(competition-participation model) 또는 'Key-Lockard 모형'이라고 한다. 정책을 결정하는 데 정치적 요인이 결정적이라는 것이 이 모형의 기본 전제인데, 대단위 농장이 많다는 경제적 환경이 정치적 경쟁을 제약하고, 정치적 경쟁이 적을수록 사회보장지출이 적어지게 된다는 것이다.

〈그림2〉 Key-Lockard 모형

Castles 등의 정치결정론자들은 경제와 사회가 발전하

66) V. O. Key, *American State Politics*(N. Y.: Knopt, 1956); D. Lockard, *The Politics of State and Local Government*(N. Y.: Macmillan, 1963); J. H. Fenton, *People and Parties in Politics*(N. Y.: Scott, 1966).

67) V. O. Key, *Southern Politics*(N. Y.: Knopf, 1949).

면 경제사회적 발전에 따른 복지지출이 수반될 것이라는 수렴이론(convergence theory)의 입장[68]에 반대하여, 정치, 이데올로기, 노동계급의 영향 등이 복지지출에 영향을 미칠 것이라 보고 있다. Castles는 서구 18개 선진국의 1960년대 중반에서 1970년대 중반까지의 복지지출의 대 GNP 증가율의 비교분석에서 보수 우파정당이 집권했을 때보다는 진보좌파정부가 들어섰을 때 복지지출의 확대가 이루어졌다고 보았다.[69]

한편 Helco는 국제간 비교연구에서 관료제가 발달한 독일과 스웨덴이 그렇지 못한 미국이나 영국보다 복지제도의 채택이 앞섰다고 지적하면서 정치적 요인 및 제도적 요인(특히 관료제)이 정책산출의 중요한 요인이라 보았다. 또한 정책결정요인의 영향력은 한 국가에서 시간의 경과에 따라 다르게 나타난다는 것을 발견하였다.[70]

---

68) 산업화의 결과로 이전에는 존재하지 않았던 새로운 사회문제가 야기되며, 따라서 보건의료서비스를 포함한 사회복지에 대한 사회적 필요와 수요가 증가하므로 국가는 이에 대응하여 사회보장제도를 확립하게 되며, 종국적으로는 후발 산업국가들도 서구 국가들과 유사한 복지제도를 갖게 될 것이라는 이론으로서, 산업화이론 또는 근대화이론 등 다양한 이름으로 불리고 있다.

69) F. G. Castles, *The Impact of Parties: Politics and Policies in Democratic State*(Sage,, 1982), p.73.

70) G. V. Rimlinger, *Welfare Policy and Industrialization in Europe, America and Russia*(N. Y.: John Wiley and Sons,

King도 주요 유럽국가 간 비교연구에서 정부의 역할을 검토한 결과 경제적 변수는 거의 설명력이 없지만, 정치이념이 사회정책의 산출에 영향을 준다고 보고 있다.71)

Peters는 사회보장 지출수준에 대한 결정요인들의 상대적 중요성을 밝히는 연구방법으로서의 횡단면 회귀분석과 상관분석을 비판하고, 시계열조사설계와 다중회귀 분석방법을 사용하여 스웨덴, 영국, 프랑스를 비교한 결과 경제적 변수(1인당 GNP)가 정책개발의 초기 단계에서 상대적으로 더 중요한 영향을 미치고 있는 반면에, 정치적 변수는 후기에 더 중요한 영향을 끼치고 있고, 제도화의 정도로 측정된 관료제의 영향력은 정책산출에 결정적인 역할을 담당한다는 두 가지 사실을 발견하였다.72)

한편 Crittenden, Pulsipher와 Weatherby, Schaefer와 Rakoff도 실증적 분석을 통해 정당 간 경쟁, 투표참여율, 당파성, 의석의 균형성 등이 정책결과에 직접적으로 영향을 준다고 보았다.73) 또한 Collier와 Messick도 독립변수로 경

1971).

71) A. King, "Ideas, Institution and the Policies of Government: A Comparative Analysis", *British Journal of political Science*, Vol. 3(1973), pp.409－423.

72) B. G. Peters, "Economic and Political effect on the Development of Social Expenditures in France, Sweden, and United Kingdom", *Political Studies,* Vol. 22(1972), pp.225－238.

제발전 수준을 채택하고 종속변수로 사회보장 채택시기를 비교한 결과, 경제발전 수준은 정책채택에 있어서 필요조건은 되지만 충분조건은 아니라는 사실을 발견하여 경제발전 변수 외에도 정치적 변수가 국가 간의 정책확산 경향에 작용할 수 있음을 시사했다.[74)]

한편 Tompkins는 기존의 실증적 연구들이 Key-Lockard 모형을 적절하게 검증하지 못했다고 비판하면서 경로분석이 이들의 이론을 적절하게 반영할 수 있을 뿐만 아니라 경제적 변수와 정치적 변수가 정책지출에 영향을 미치는 상대적 영향에 관한 논쟁에 해답을 제공할 수 있다고 주장하였다. 이를 위하여 그는 2개의 경제적 변수와 2개의 정치적 변수, 1개의 사회적 변수, 그리고 1개의 정책지출 간의 인과모형을 수립하고 경로분석을 실시한 결과, 복지지출에 직접 영향을 미치는 것은 정당 간 경쟁과 인종구성이며, 예

---

73) J. Crittenden, "Dimension of Modernization in the American States", *APSR*, Vol. 61(1967), pp.981-1002; A. G. Pulsipher and J. L. Weatherby, "Malapportionment, Party Competition, and the Functional Distribution of Government Expenditures", *APSR*, Vol. 62(1968), pp.1207-1220; S. Rakoff and G. schaefer, "Politics, Policy, and Political science", *Politics and Society*, Vol. 1(1970), pp.51-57.

74) D. Collier and R. E. Messick, "Functional Prerequsites versus Diffusion", a paper presented at the 1973 annual meeting of the Midwest Political Science Association(1972).

상과는 달리 산업화와 소득과 같은 경제변수들은 직접적 영향을 거의 미치지 못하는 것으로 밝혔다. 그러나 소득은 인종구성과 정당 간 경쟁을 매개로 하여 강한 간접적 영향을 미치는 것으로 나타났다.[75)]

Lewis-Beck은 사회경제적 변수, 정치적 변수, 그리고 복지지출 간의 인과모형을 통하여 정치적 변수도 복지지출에 직접 영향을 미치지만 그것은 사회경제적 변수에 비하여 현저하게 영향력이 작다는 사실을 발견하였다.[76)]

Flora는 서구 민주국가의 역사적 지표를 이용하여 사회정책의 산출에 있어서 산업화와 도시화는 사회정책적 문제를 야기한 기본과정이고, 정치적 압력이 중요한 결정요인이라는 명제에 근거하여, 정치적 요인 중에서 정체의 유형, 유권자 비율, 집권여당의 이념 등이 정책산출에 중요한 영향을 미치는 것을 발견하였다.[77)]

Schneider는 경제적 변수로서 산업화와 사회적 변수로서 사회적 이동성을 선정하고 또한 정치적 변수로서 정치구조와 시민의 정치활동 수준을 들고, 이들 변수들이 정책산출에 미치는 영향을 구미의 19개 국가를 중심으로 비교하여, 복지정

---

75) 안소동, 앞의 글, p.42.

76) 노화준, 앞의 글, pp.39-40.

77) P. Flora, "On the Development of the Western European Welfare State". a paper prepared for delivery at the Edinburgh ISPA Congress(1976).

책 산출에 있어서 정치적 요인이 경제적 요인보다도 중요한 결정요인임을 밝히고 있다.[78)]

또한 Fry와 Winters는 미국 주정부들의 재분배정책에 있어서의 진보성향을 결정하는 데 있어서 경제적 변수와 정치적 변수 중 어느 것이 더욱 큰 영향을 미칠 것인가에 대한 연구를 하였는데, 그 결과 정치적 변수의 독립적 영향이 있는 것은 물론 영향력의 상대적 크기에 있어서도 경제적 변수보다 높은 것으로 나타났다고 밝혔다.[79)]

4. 통합적 결정요인론

지금까지 살펴본 것처럼 사회경제적 요인이 정책결정에 중요한 영향을 미친다는 경제학자들의 연구, 즉 Dawson－

78) S. Schneider, "The Evolution of the Modern Welfare State", Unpublished Ph. D. Dissertation, SUNY at Bringhamton(1980), p.231.

79) 이에 대해 Dye는 정치적 변수가 소득분배에 더욱 중요하다는 것을 증명한 것뿐이라고 평가 절하하였고, Sullivan은 변수의 선정이 정치적 변수에 치우치는 등 방법론상의 오류를 가지고 있다고 비판하였다. 노화준, 앞의 글, p.39; J. Sullivan, "A Note on Redistributive Policies", *APSR*, Vol. 66(1972), pp.1301－1305.

Robinson의 경제발전모형과 정치적 요인의 독립적 영향이 사회경제적 요인들에 비하여 크다는 정치학자들의 연구, 즉 Key－Lockard 모형 간의 논쟁을 통하여 정책결정요인론이 전개되어 왔다.

이와 관련하여 Dye와 Robey는 지금까지의 정책결정요인론이 (1) 정당 간 경쟁, 정치적 다원주의, 그리고 여타 정치구조나 과정이 정책에 결정적 영향을 미친다는 정설적 가설의 지배, (2) 경제발전이 정치구조나 정책에 모두 영향을 미치며, 따라서 사회경제적 요인이 정책결정에 영향을 미친다는 새로운 이론의 도전, (3) 정치적 요인의 중요성을 강조하는 학자들에 의한 개념의 정밀화, 정치적 변수의 추가 및 방법론의 세련화를 통한 재도전, (4) 인과모형과 경로분석 등의 방법을 활용한 사회경제적 변수의 중요성의 재확인이라는 지적 변증법(intellectual dialectics)의 과정을 거쳐 전개되어 왔다고 요약하고 있다.[80)]

이러한 관점에서 통합적 결정요인론자들은 다음 그림에서 보는 것처럼 정치체제와 정책 간의 관계를 추가로 고려함으로써 사회경제적 변수가 정치체제를 통하여 정책에 영향을

80) T. R. Dye and J. S. Robey, “Politics versus Economics: Development of the Literature on Policy Determination”, in T. R. Dye and V. Grey, eds., *The Determinants of Public Policy*(Lexington: D. C. Health and Company, 1980), pp.3－17.

미치는 간접적 효과까지도 파악하고 있다. 이러한 연구로는 대표적으로 Cnudde and McCrone, Verner, Tompkins, Fry and Winters, Schneider, 그리고 Lewis-Beck 등을 들 수 있다.

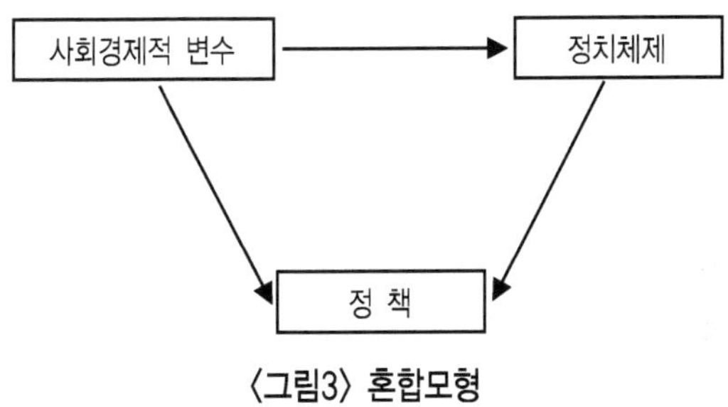

〈그림3〉 혼합모형

먼저 Cnudde와 McCrone은 복지정책의 결정에 있어서 사회경제적 변수뿐만 아니라 정치적 변수도 독립적으로 정책에 영향을 미친다고 주장했다.81) 그리고 Sharkansky와 Hofferbert도 요인분석과 상관분석을 실시해 본 결과 정치적 변수가 교육정책과 복지정책에 대하여 양(+)의 상관관계가 있다고 주장하였다.82)

---

81) C. F. Cnudde and D. J. McCrone, "Party Competition and Welfare Policies in the America", *APSR*, Vol. 62(1968), pp.1220-1231.

82) I. Sharkansky and R. Hofferbert, "Dimensions of State Politics, Economics, and Public Policy", *APSR*, Vol.

Verner는 102개국을 대상으로 1964－1965년간의 교육정책 결정요인 연구에서 정치적 변수, 사회경제적 변수, 그리고 교육정책 변수들 간의 상호작용을 회귀분석한 결과, 정치적 변수에 비해 사회경제적 변수가 영향이 크다는 것을 발견하였다. 정치체제 변수 가운데는 정치발전의 정도가 교육지출에 높은 상관성을 보이고 있다는 주장을 하였다.[83] 또한 Fry와 Winters는 미국 주정부 소득분배정책의 결정요인분석을 통하여 정치적 변수와 사회경제적 변수의 중요성을 규명하기 위하여 소득계층별 조세부담과 편익의 배분을 종속변수로 하여 연구한 결과, 정치적 변수를 통제할 경우 사회경제적 변수의 다중상관계수는 0.27인 데 비해 사회경제적 변수를 통제할 경우 정치적 변수의 다중상관계수는 0.46으로 나타났다고 주장하면서, 사회경제적 변수에 비해 정치적 변수가 재분배정책에 미치는 영향력이 크다는 것을 밝혔다.[84]

Tompkins는 산업화가 정치적 참여－경쟁의 선행조건이

63(1969), pp.867－879.

83) J. C. Verner, "Socioeconomic Environment, Political System and Educational Policy Outcomes: A Comparative Ananlysis of 102 countries", *Comparative Politics*, Vol. 20(1979), pp.165－187.

84) B. R. Fry and R. F. Winters, "The Politics of Redistribution", *APSR*, Vol. 64(1970), pp.508－522.

며, 이들 변수들이 주정부 복지지출수준에 영향을 미치고 있는 것으로 가정하는 인과모형을 정립하여 경로분석을 시행한 결과, 소득이나 경쟁－참여보다도 인종요인(ethnicity)이 복지정책의 결정에 더 큰 영향을 미친다는 주장을 하였다.[85] 한편 Lewis－Beck는 미국 주정부의 정책결정요인 분석에서 기존의 경쟁－참여 모형과 경제발전모형의 인과적 구조를 검토하여 통합모형의 타당성을 입증하였다. 그는 주정부의 복지정책과 교육정책에 대한 정치적 요인과 사회경제적 요인의 상대적 효과를 비교하기 위해 recursive system model을 설정한 후 효과계수(effects coefficients)를 이용하여 경로분석을 실시하였다. 검증결과 정치적 변수는 경제적 변수와 정책결과 간의 매개적 효과를 갖는 것으로 밝혀졌다.[86]

Lineberry와 Fowler는 미국의 상대적 조세 및 지출정책 분석을 통해 경제적 요인이 직접적인 영향을 미치고 있으며, 정치적 요인 중에는 행정개혁도가 높은 시가 그렇지 못한 시보다 조세 및 지출수준이 낮은 것을 발견하였다.

85) G. L. Tompkins, "A Causal Model of State Welfare Expenditures", *Jounal of Politics*, Vol. 37(1975), pp.392－416.

86) M. S. Lewis－Beck, "The Realtive Importance of Socioeconomic and Political Variables for Public Policy", *APSR*, Vol. 71(1977), pp.559－566.

Lineberry와 Fowler는 사회경제적 요인이 높은 지역에서는 행정개혁이 잘 이루어지고 있으나, 낮은 지역의 경우에는 거의 이루어지지 않는다고 보면서, 결국 정치적 요인은 촉진적 요인(fascilitating agent)이라고 주장하였다.[87)]

또한 Carmines도 미국 주정부 복지정책의 연구에서 경제적 자원과 의회의 전문성 간의 관계분석을 통하여 비전문가 의원들이 많은 주보다 직업적으로 전문가 의원들이 많은 주에서 양자 간에 밀접한 연관성이 있는 것을 발견하여 [경제적 요인→정치적 요인→정책결과]의 인과구조를 발견하였다.[88)] 그리고 Peters의 연구를 살펴보면, [경제적 요인→정치적 요인→정책결과]의 간접적 경로를 통해 정책변수간 인과관계가 존재한다고 밝혀 통합모형을 지지하는 입장을 취하고 있다.[89)]

---

87) R. L. Lineberry and E. D. Fowler, "Reformi느 and Public Policies in American Cities", *APSR*, Vol. 61(1967), pp.701-717.

88) E. C. Carmines, "The Mediating Influence of State Legislatures on the Link between Interparty Competition and Welfare Policies", *APSR*, Vol. 68(1974), pp.1118-1124.

89) B. G. Peters, "Economic and Political Effects on the Development of Social Expenditures in France, Sweden and United Kingdom", *Political Studies*, Vol. 20(1972), pp.225-238; B. G. Peters, "Public Policy, Socioeconomic Conditions and the Political System", *Polity*, Vol. 5(1972), pp.277-284.

제4장
전통적 결정요인론의 한계

- 사회경제적 이론모형
- 정치적 이론모형
- 사회경제적 모형의 적용
- 정치적 모형의 적용

1. 사회경제적 이론모형

지금까지 살펴본 바와 같이 지방정부 재정지출을 결정하는 요인을 설명하는 연구들은 주로 재정학자 및 경제학자들, 그리고 일부 정치·행정학자들에 의해 이루어져 왔으며, 그동안의 논의의 핵심은 정치와 경제 중 어느 것을 중시하느냐로 축약할 수 있다.

이 가운데 사회경제적 이론모형은 지방정부 재정지출 수준 간의 차이를 설명하기 위하여 매우 다양한 사회경제적 변수들 및 인구학적 변수들을 사용하는데, 따라서 인구학적 모형(demographic model)이라고도 한다.

이 모형의 요지는 Danziger에 따르면 지방정부 지출수준 간의 차이가 각 지방정부의 분명한 선택(explicit local choices)의 결과이기보다는 사회경제적 환경의 차이로서 보다 잘 설명될 수 있다는 것인데,[90] 1960년대 이래 지방정부지출 결정요인 연구에 있어서 주류를 이루고 있다.

그런데 이 이론모형은 주로 경제학자들이나 재정학자들에 의해 개발되었는데, 이들은 정부의 정책산출로서의 재정지출을 연구함에 있어 소비자선택이론(consumer choice

---

90) J. Danziger, *Making Budgets: Public Resource Allocation*(London: Sage, 1978), p.81.

theory)에 입각해 공공재의 배분을 설명하는 데 주로 관심을 가졌다. 즉 그들이 초점을 맞추어 연구한 것은 지역사회의 다양한 특징들을 조사하여 공공재에 대한 소비자들－정책산출의 수혜자인 동시에 납세자, 즉 지역주민들－의 선호도를 규명한 다음 이를 바탕으로 재정지출과 사회경제적 변수들 간의 관계를 측정하는 문제였다.

결국 지방정부 재정지출결정에 관한 사회경제적 모형은 '정부정책이 제공하는 공공서비스에 대한 합리적 소비자'의 가정 위에서 재정지출을 소비자－투표자(consumer－voter)에 의한 효용극대화 과정(utility maximization process)의 결과로 보고, 지역사회의 각종 특징적 변수들과 재정지출수준 간의 상관관계를 추정하는 데 치중하고 있다.[91)]

그리고 이 모형에서는 지방정부 재정지출수준과 사회경제적 변수들 간의 연계의 적합도를 밝히기 위해 상관분석이나 회귀분석과 같은 방법을 주로 사용하며, 따라서 매우 실증적인 접근방법이 되고 있다. 또한 적어도 이론적인 수준에서는 특정한 형태의 투입이 바로 특정한 정책산출, 즉 재정지출로 이끌어진다는 것이 이 이론모형의 가정이다.

그런데 이 이론모형은 그 학문적 유행에도 불구하고 많은 비판에 직면하고 있는데, 대체로 다음의 세 가지로 요약

91) R. Bahl, et al., *State and Local Government Expenditure Determinants*(Cambridge: Ballinger, 1980), pp.65－154.

할 수 있다.

첫째, 방법론에 대한 비판으로서, 이 모형의 주된 분석방법이 되고 있는 상관분석과 회귀분석의 문제점에 대한 지적이 그것이다. 즉 상관분석을 통해서는 사회경제적 변수들과 재정지출 간에 존재하는 인과관계를 규명할 수 없다는 것이고, 또한 회귀분석은 독립변수들 간의 다공선성(multicollinearity)이라는 문제점 때문에 변수들 간의 영향관계 파악에 있어서 상당한 제약을 갖게 된다는 것이다. [92]

두 번째 비판은 이 모형에 따른 분석결과가 발견된 상관의 정도나 독립변수들의 종속변수에 대한 설명력에 있어서 대체로 실망스러운 것들이라는 점이다.[93]

그리고 가장 중요한 비판은 이 모형의 취약한 이론적 기반(weak or non-existent theoretical base)에 관한 것으로서, 비판론자들에 따르면 환경적 특성과 정책산출을 연결해주는 어떤 분명한 이론도 없다고 한다.[94]

물론 이러한 비판들은 상당히 반박되고 있는데, 우선 초기의 연구들이 방법론적으로 상당히 미숙했었던 데 비해, 최근의 연구들은 이러한 문제들에 대해 보다 민감하게 접근하고 있다. 또한 모형의 설명력을 높이기 위해 다양한 분

92) J. Danziger, *op. cit.*, pp.82-83.
93) L. J. Sharpe and K. Newton, *Does Politics Matter? The Determinants of Public Policy*(Oxford: Clarendon, 1984), p.76.
94) *Ibid.*, p.77.

석을 시도하고 있다. 예를 들면 S1harpe와 Newton은 지방정부지출을 분할 가능한(divisible) 지출과 분할 불가능한(indivisible) 집합적 지출로 나누어, 사회경제적 모형은 특히 기획, 경찰, 소방, 공원, 쓰레기처리, 도서관 등의 분할 불가능한 사업보다는 교육, 복지, 주택 등과 같은 분할 가능한 지출에 보다 적합한 것으로 밝히고 있다.

그리고 사회경제적 접근이 지나치게 실증적이고 반이론적(atheoretical)이라는 비판은 검증되는 가설을 분명하게 하고, 가설에 포함된 특정한 변수들의 선정이유를 기존이론의 기반 위에서 공고히 함으로써 극복될 수 있다고 한다.[95)]

2. 정치적 이론모형

지방정부 재정지출결정에 관한 정치적 모형은 정책산출의 결정에 있어서 정치적 변수가 갖는 중요성에 그 초점을

95) R. J. Nicholson and N. Topham, "The Determinants of Investment in Housing by Local Authorities", *Journal of the Royal Statistical Society*, Vol. 134(1971), pp.273－320; R. J. Nicholson, et al., "Housing Investment by Different Types of Local Authorities: An Economic Approach", *Bulletin of Economic Research*, Vol. 27(1975), p.65.

맞추고 있는데, 주로 정당과 관련된 변수들을 많이 포함하고 있기 때문에 정당효과모형(party effect model)이라고도 한다.[96)]

이 모형의 지지자들은 지배정당의 이념, 다수당의 규모, 잔여집권기간 등과 같은 정치적 변수들이 다른 종류의 사회경제적 변수들과 더불어 지방정부 재정지출수준의 결정에 있어서 중요한 역할을 할 뿐만 아니라, 한걸음 더 나아가 정치과정이 정책산출, 즉 재정지출수준을 설명하는 데 있어서 가장 중요한 요소라고 주장한다.[97)]

따라서 정치적 모형에 있어서 정치체제는 환경적 투입과 정책산출 간의 단순한 간섭메커니즘(intervening mechanism)으로 기능하는 것을 넘어서서 가장 중요한 영향요소가 되고 있는 것이다. 예컨대 Key는 미국 남부의 여러 주정부를 대상으로 교육지출, 사회보장지출, 보건지출 등을 분석하였는데, 그는 지방정부 재정지출결정은 정치적 변수에 의해 더 크게 영향을 받는다고 실증적으로 밝히고 있다.[98)] 또한 Key

---

96) Mark Kleinman, Richard Eastall and Emile Roberts, "What Determines Local Authories' Capital Expenditure on Housing? an Evaluation of Various Models", *Urban Studies*, Vol. 27(1990), pp.401－403.
97) Sharpe and Newton, *op. cit.*, p.206.
98) V. O. Key, "The Lack of Budgetary Theory", *APSR,* Vol. 34(1940).

의 설명변수들을 중심으로 다른 여러 학자들이 독립변수들의 조작적 정의를 달리하면서 연구한 결과, 대부분의 연구에서 지방정부 재정지출은 정치적 특성에 의해 결정된다는 결론을 내리고 있다.[99)]

Sharkansky와 Hofferbert는 정치변수와 사회경제변수 42개에 대하여 요인분석을 행한 후 상관분석을 실시한 결과, 사회경제적 요인을 통제한 후에도 정치적 요인이 복지지출과 교육지출에 대하여 높은 양의 상관관계를 가지고 있음을 분석하였다.[100)] 그리고 Mullar는 재정지출의 결정은 일련의 정치과정들, 즉 재정지출과 정당의 이념 간 대응관계의 확인과정, 정치적 예산과정, 선거에 기초한 정치적 판단과정 등과 관련이 있다는 주장을 하고 있다.[101)]

Peterson에 따르면 이러한 정치적 모형에 있어서 재정지출수준을 결정하는 요인들로 제시되는 변수는 대체로 지역사회의 정치구조, 정당 간 경쟁과 캠페인, 리더십의 형태, 이익집단의 참여, 그리고 언론이나 관료제 등 기타 정치기구들의 기능이라고 한다.[102)]

---

99) 황윤원, "지방정부예산의 결정변수 분석", 「한국행정학보」 제21권 제2호(1987), p.386.

100) I. Sharkansky and I. Hofferbert, op. cit., pp.867－879; 김범식 외, 「지방정부지출의 특성분석 및 정책적 시사점」(서울; 삼성경제연구소, 1997), p.57.

101) 안소동, 앞의 글, p.62.

3. 사회경제적 모형의 적용

전통적 지출결정요인론 가운데 사회경제적 이론모형은 지방정부 복지지출수준의 결정요인을 밝혀내기 위하여 매우 다양한 사회경제적 변수들 및 인구학적 변수들을 사용하는데, 지방정부 복지지출수준의 차이는 바로 이러한 독립변수들에 있어서의 차이로 설명될 수 있다고 본다.

우리나라 기초지방자치단체의 복지지출에 이 모형을 적용하기 위하여 요인분석과 상관분석을 실시하여 다음과 같은 다중회귀모형을 도출하였다.

사회보장비=f (소득수준, 도시화, 교육수준, 복지정책 수혜인구비율)

종속변수로는 1인당 사회보장비를 사용하였는데, Fabricant의 효시적인 연구[103] 이후 대부분의 정책결정요인 연구에서 정부지출의 분석은 지방정부의 정책산출에 대한

---

102) P. Peterson, *City Limits*(University of Chicago Press, 1981), p.29.

103) S. Fabricant, *The Trend of Government Activity in the United States Since 1900*(N. Y.: National Bureau of Economic Research, 1952).

가장 명확하고도 용이한 측정수단이 되고 있으며, 지방정부 정책산출의 측정치(proxy)로서는 정부지출이 가장 일반적으로 사용되고 있는데, 특히 주민 1인당 정부지출(per capita expenditure)수준은 정부정책의 산출수준을 지역 간에 비교하는 데 있어서 가장 용이하고도 유용한 측정치로서 많은 연구에서 사용되고 있다.

지방정부의 정책산출연구에 있어서 당면하는 일차적 문제의 하나는 정부정책 또는 사업의 산출수준을 어떻게 측정하느냐 하는 것인데, 현재 가장 널리 사용되고 있는 정부지출과 같은 재정적 자료는 정부가 시민생활에 대해 관여하는 일반적 수준을 나타내 주며, 비교가 가능하도록 기록되어 있어 쉽게 이용가능하다는 장점을 갖는 반면에, 정부지출을 통해 수행되는 행정서비스의 질이 어떠하며 그 성과나 능률은 또한 어떠한지를 제대로 나타내지 못한다는 한계를 갖는다. 또한 예산과 같은 양적인 지표는 정치적 특성과 같이 질적인 변수들의 영향을 사회경제적 요인과 같은 양적 변수들에 비해 상대적으로 낮게 평가할 가능성이 많다.[104]

따라서 많은 학자들은 정부활동의 측정을 위한 지표로서

---

104) R. Lineberry and E. Fowler, "Reformism and Public Policies in American Cities", *APSR*, Vol. 61(1967), pp.701−717.

정부지출 대신에 주민 1인당 공공고용치(per capita public employment)를 정부정책의 산출수준으로 보는 공공고용접근방법을 택하거나,[105] 법안채택의 신속성과 범위를 나타내주는 혁신지표(innovative index)를 개발하는 등[106] 다양한 접근을 시도하고 있다.

그런데 이와 같은 공공정책산출의 정확한 측정방법의 결여는 다름 아닌 공공재의 본질적 성격으로부터 기인한다. 즉 공공재의 경우 소비에 있어서의 비경쟁성과 비배제성이라는 특성 때문에 그 수요공급함수의 규정이 매우 어려우며, 공공서비스의 질에 대한 주민들의 효용이나 만족도의 측정도 사실상 매우 어려운 것이 되고 있다. 바로 이러한 점들 때문에 공공정책의 산출을 정확히 측정할 수 있는 합의된 방법을 제시하기란 매우 어렵다고 하겠다.[107]

그러나 아직까지 정부지출이 비록 완전한 것은 아니지만 비교적 객관적이고 유용한 자료로서 인정되고 있는데, 그 주된 이유는 다음과 같다. 첫째, 세출예산은 정부의 상호연

105) R. W. Bahl, R. D. Gustley, and M. J. Wasylenko, "The Determinants of Local Government Police Expenditures: A Public Employment Approach", *National Tax Journal*, Vol. 31(1978), pp.67－79.

106) J. L. Walker, "The Diffusion of Innovation among the American States", *APSR*, Vol. 63(1969), pp.886－899.

107) 유병욱, 앞의 글, p.90.

관되고 복잡다기한 자원배분을 나타내주는 유일한 문서이고, 둘째, 각 항목들이 구체적으로 세분되어 있으며, 셋째, 산출내용이 명확하게 기록되어 있고, 넷째, 분류형식이 크게 변하지 않는 반복적인 자료이며, 다섯째, 화폐라는 단일의 척도로 표시되어 있기 때문에 이를 정책결정의 산출로 간주하기에 매우 이점이 크다는 것이다.[108] 또한 실제의 정책결정자들도 자원배분의 단위로서 재화나 서비스가 아닌 화폐를 염두에 두고 있다는 점에서도[109] 공공지출은 정책산출의 측정지표로서의 타당성이 인정된다고 할 것이다.

독립변수의 선정과 관련하여, 사회경제적 요인이 지방정부의 재정지출에 미치는 영향은 이론적인 면이나 실증적인 연구에서 오랫동안 관심의 대상이 되어 왔다. 그런데 사회경제적 요인이 정부지출에 미치는 영향을 식별하는 데 있어서 제기되는 몇 가지 문제점에 대해 검토해 보면 다음과 같다.

첫째, 사회경제적 요인 그 자체를 바로 행정체제에 대한 투입변수로 볼 수 있느냐 하는 점이다. 왜냐하면 사회경제적 요인은 행정체제에 대한 요구와 지지를 예산결정과정에

108) J. Danziger, *op. cit.*, p.15.

109) J. P. Crecine, "A Simulation of Municipal Budgeting", In I. Sharkansky, ed., *Policy Analysis in Political Science*(Chicago: Markham Publishing Company, 1970), p.78.

영향을 미치는 하나의 환경적 요인으로서 추상화시킨 데 불과하기 때문이다. 따라서 환경적 특성이 바로 행정체제에 대한 요구로 연결되는 1:1의 관계에 있는 것은 아니며, 사회구조, 정치문화, 행정제도, 관료들의 인식 등이 어떠하냐에 따라 환경적 특성과 요구 사이의 관계가 다르게 나타날 수도 있다는 것이다.[110)]

그러나 행정체제에 대한 이러한 요구는 체계적으로 측정하기가 어려우며, 특히 비교론적 기준을 사용하는 경우에는 더욱 그렇다. 따라서 대부분의 결정요인 연구에서 환경적 특성을 투입변수로 그대로 사용하고 있음을 볼 수 있다.

둘째, 지방정부의 지출수준에 영향을 미치는 무수히 많은 사회경제적 변수들 중에서 환경적 특성을 적절히 대표할 수 있는 변수를 어떻게 선정하여 측정하느냐 하는 문제이다.

이와 관련하여 Sharkansky 등은 사회경제적 요인들을 측정하는 데에는 선형성(linearity)과 차원의 문제를 고려해야 한다고 주장하고 있다.[111)] 즉 경제발전 지표들을 측정하기 위해서는 전통적 사회에서 근대사회로의 변화가 동일한 방법으로 진행된다는 선형성이 전제되어야 하며, 또한 사회경제적 요인들은 단일차원의 속성만 가지고 있는 것이 아니

---

110) 강인재, 앞의 글, p.46.
111) I. Sharkansky and I. Hofferbert, *op. cit.*, pp.867–879.

라 다차원적인 속성을 가질 수 있기 때문에 이러한 차원을 구별하여야만 분석이 타당하다는 것이다. 따라서 그들은 소득, 도시화, 주민의 속성, 교육수준 등 42개의 사회경제적 변수들을 요인분석하여 산업화와 부유(affluence)라는 2가지 주요 요인을 추출해 냈으며, 이 요인들을 행정체제에 영향을 미치는 대표적인 요인으로 간주하였다.

그런데 일반적으로 사회경제적 발전은 소득수준의 상승, 도시화, 산업화, 교육수준의 향상 등의 요소로 대표된다고 할 수 있다. 왜냐하면 어느 사회가 근대화되고 발전함에 따라 도시로 인구가 집중되고, 도시화의 진전은 다시 산업화를 가속시켜 그 지역의 소득수준을 향상시킬 뿐만 아니라 교육수준이 높은 양질의 노동력을 더욱 필요로 하기 때문이다. 따라서 무수히 많은 사회경제적 요인들을 고려하기보다는 사회경제적 발전을 대표하는 소수의 몇몇 변수를 선정하는 것이 이론적으로나 경험적으로 타당하다고 할 것이다. 이와 관련하여 기존의 많은 선행연구에서 복지지출에 영향을 미치는 주된 요인으로 선정된 변수들은 소득수준, 도시화, 산업화, 교육수준, 복지정책 수혜인구비율 등이다.

사회경제적 이론모형을 우리나라 지방정부 복지지출의 결정에 적용하여 검증한 결과는 다음과 같다.

<표 11> 사회경제적 모형의 적용

변 수	회귀계수(b)	BETA	t-값	P-값 (유의수준)
복지수혜비율	1.0745	0.5243	3.356	0.0012
도시화	-0.0148	-0.2687	-2.616	0.0099
소득수준	-0.8936	-0.1612	-1.249	0.2175
교육수준	-0.0159	-0.0178	-0.128	0.8312
R^2 =0.54		F=12.1248		(Prob > F)=0.0000

우선 모형의 전체적 설명력(R-square)은 0.54로서 비교적 높은 편에 속하고 있는데, 즉 우리나라 지방정부 복지지출의 반 이상은 사회경제적 이론모형에 의해 설명되고 있다.[112] 또한 종속변수에 대한 영향이 통계적으로 유의미하게 밝혀진 독립변수로는 복지정책 수혜인구비율과 도시화가 있었다. 따라서 이 모형에서 나타난 결과만 놓고 얘기한다면 지방정부 1인당 복지지출수준은 복지정책 수혜인구비율이 높고, 도시화가 덜 된 곳에서 보다 높게 나타난다는 것이다.

복지수요를 반영하는 복지정책 수혜인구비율이 복지지출수준에 미치는 강력한 긍정적 영향은 지극히 당연한 것이며, 우리나라의 경우에도 실제로 복지정책 수혜인구비율이

112) 결정계수(R-square)란 종속변수가 가지고 있는 총분산 가운데 회귀식에 의해 설명된 분산의 비율을 말하는 것이다.

높은 곳에서 상대적으로 복지사업비가 많이 책정되어 결과적으로 1인당 복지지출수준이 커진다는 사실을 이와 같은 분석결과를 통해 확인할 수 있었다.

다음으로 도시화의 정도를 나타내주는 변수(본 연구에서는 인구규모)가 복지지출에 크지는 않지만 통계적으로 유의미한 부정적 영향을 미친다는 분석결과가 나온 것은 기존의 많은 선행연구결과와 달라 주목을 끌었는데, 이는 도시화의 진전이 복지수요의 증대를 가져와 결국 복지지출의 증대로 이어질 것이라는 사회경제적 결정론의 중요한 전제와 배치되는 것이다. 본 연구에서 나타난 결과만 고려한다면 도시화는 복지지출에 직접적 영향을 미치지 않고, 오히려 도시화의 진전에 따른 인구규모의 증대가 규모의 경제(economy of scale) 효과를 발생시켜 복지지출에 음(−)의 영향을 준 것으로 이해할 수 있을 것이다.

한편 소득수준과 교육수준은 지방정부 복지지출수준의 결정에 있어서 직접적으로는 무관한 것으로 밝혀졌다. 특히 소득수준은 기존의 사회경제적 결정론에서 복지지출의 증대에 긍정적 영향을 미치는 변수로 제시되어 왔었는데,[113] 본 연구에서는 복지지출에 영향이 없는 것으로 밝혀져 주

113) 소득수준의 상승이 공급 측면에서 지방정부 재정능력의 향상을 가져오고, 이것이 다시 복지지출수준의 증가로 이어진다는 논리이다.

목을 끌었다. 이는 아마도 우리나라 지방정부의 복지지출수준이 재정능력과는 무관하게 결정되기 때문일 것이다.

결국 사회경제적 결정론을 우리나라 지방정부의 복지지출에 적용하여 본 결과는 모형의 설명력 면에서나 유의미한 독립변수의 측면에서 다소 실망스럽다고 결론지을 수 있다. 즉 모형의 설명력도 높은 편이긴 하지만 아주 높지 않았고, 유의미한 독립변수도 사회경제적 결정론에서 제시하는 것과 일치하는 것은 복지정책 수혜인구비율밖에 없었다.

4. 정치적 모형의 적용

전통적 지출결정요인론 가운데 정치적 모형은 지방의회 지배정당의 이념, 정치적 경쟁의 정도, 시민들의 정치참여도 등과 같은 정치적 변수들이 사회경제적 변수들과 더불어 지방정부 재정지출의 결정에 있어서 중요한 역할을 할 뿐만 아니라 한걸음 더 나아가 재정지출수준을 설명하는 데 있어서 가장 중요한 요소라고 본다.

우리나라 기초지방자치단체의 복지지출에 이 모형을 적용하기 위하여 요인분석과 상관분석을 실시하여 다음과 같은 다중회귀모형을 도출하였다.

사회보장비=f (지배정당 이념, 정치참여도, 정치적 경쟁)

지방정부 재정지출수준의 결정에 대한 정치적 요인의 영향은 앞서 살펴본 바와 같이 많은 이론적 논란에도 불구하고 다수의 실증적 연구에서 빈번하게 분석되고 있다. 그리고 이러한 연구들에서 자주 채택되고 있는 정치적 변수들로는 지방의회의 구조, 투표율, 정당 간 지지율, 지배정당의 이념, 잔여집권기간, 선거 등을 들 수 있다. 그러나 우리나라의 경우 아직 지방자치의 역사가 일천하다는 점을 감안하면 복지지출에 대한 정치적 변수의 영향력 분석은 상당히 제한적일 수밖에 없다. 따라서 본 연구에서는 현재 우리나라 지방정치적 상황하에서 각 지역 간에 실질적 차이가 있는 변수들만을 고려하여 분석하였다.

정치적 모형을 우리나라 지방정부 복지지출의 결정에 적용하여 검증한 결과는 다음과 같다.

〈표 12〉 정치적 모형의 적용

변 수	회귀계수(b)	BETA	t-값	P-값 (유의수준)
의회지배정당	5.3243	0.2645	2.311	0.0149
정치참여율	0.6149	0.4088	3.636	0.0004
정치적 경쟁	0.3544	0.1331	1.002	0.2381
R^2 =0.31		F=13.1341		(Prob 〉 F)=0.0000

우선 모형의 전체적 설명력(R^2)은 0.31로서 상당히 낮았지만, 독립변수들의 종속변수에 대한 영향은 2개 변수에 있어서 통계적으로 유의한 것으로 나타났다. 따라서 이 모형에서 밝혀진 결과만을 고려한다면 지방정부 복지지출수준은 지방의회 지배정당의 이념이 진보적이고, 주민들의 정치적 참여율이 높은 지역에서 상대적으로 높게 결정된다고 할 수 있다. 그런데 이러한 분석결과는 독립변수들의 종속변수에 대한 영향력은 상대적으로 약한 편이지만 일견 지방자치가 일찍 정착되어 지방수준의 정치가 비교적 활발하게 이루어지고 있는 미국이나 영국 등의 지방정부지출을 분석대상으로 한 연구결과와 흡사함을 보여주고 있다.

그러나 회귀분석은 어디까지나 독립변수와 종속변수 간의 상관관계에 바탕을 둔 가설적 인과관계를 보여주는 것이지 두 변수 간의 인과관계에 대한 체계적 검증이라고는 할 수 없다. 왜냐하면 독립변수와 종속변수 모두에 영향을 미치고 있는 제3의 변수가 존재한다면, 회귀분석 결과 밝혀진 독립변수와 종속변수 간의 가설적 인과관계는 허위관계(spurious relation)이며 두 변수 간의 관계는 인과관계가 아닌 단순한 공변관계(covariate relation)에 불과하기 때문이다.

본 연구에서는 이러한 제3의 변수의 존재여부를 밝혀내기 위해 상관분석에서 정치적 변수와 가장 높은 상관관계를 보인 복지정책 수혜인구비율이라는 사회경제적 변수를 포함시켜 정치적 모형에 대한 추가적 검증을 실시해 보았는데 그 결과는 다음과 같다.

〈표 13〉 정치적 모형의 적용(2)

변 수	회귀계수(b)	BETA	t-값	P-값 (유의수준)
복지수혜비율	1.2598	0.6228	4.645	0.0000
의회지배정당	0.7014	0.0298	0.258	0.7923
정치참여율	0.1175	0.0712	0.641	0.5372
R^2 =0.46		F=17.9385	(Prob 〉 F)=0.0000	

추가적인 분석결과 정치적 변수들의 종속변수에 대한 통계적으로 유의미한 영향은 사라졌으며, 오직 복지정책 수혜인구비율만이 종속변수와 유의미한 관계를 보여주고 있을 뿐이다. 따라서 앞서 밝혀진 정치적 변수들의 종속변수에 대한 영향은 제3의 변수가 개입된 허위관계로 판명되었으며, 상대적으로 복지정책 수혜인구비율이 높은 지역의 정치적 특성이 투표율이 높거나 진보성향 정당이 지방의회를 지배하여 그렇게 보였을 따름이었다. 그러나 이러한 분석결과가 정치적 변수들의 종속변수에 대한 간접적 영향까지도 부정하는 것은 물론 아니며, 이러한 간접적 영향의 존재여부는 경로분석을 통해 밝혀질 수 있을 것이다.

제5장 대안적 결정요인론의 도입

- 대리인 이론모형 및 그 적용
- 점증주의 이론모형 및 그 적용
- 재정능력 이론모형 및 그 적용

1. 대리인 이론모형 및 그 적용

전통적 재정지출 결정요인론은 사회경제적 결정론과 정치적 결정론 간의 변증법적 발전과정을 거쳐 전개되어 왔다. 그러나 전통적 결정요인론의 한계가 드러나면서 이를 보완하거나 대체하려는 대안적 이론모형이 정립되었는데, 대리인 모형, 재정능력 모형, 점증주의 모형 등이 그것이다.

이 가운데 대리인 모형에서는 지방정부가 자신의 재정지출 결정과 관련하여 매우 적은 자율성밖에 갖지 못한 것으로 가정되고 있으며, 따라서 지방정부는 중앙정부의 하위 집행기관으로서 그 역할이 중앙에서 결정한 정책을 단순히 집행하고 관리하는 일종의 대리인(agent)으로 국한된다.[114)] 그러므로 이 모형은 미국과 같은 연방국가(federal state)보다는 영국이나 우리나라와 같은 단일국가(unitary state)에 더 적합한 것이 되고 있다.

이 모형에 따르면 중앙정부는 국가 전체의 총량적 지출수준뿐만 아니라 각 지역 간의 분배몫까지도 결정하게 되는데, 따라서 이 모형에 있어서 가장 중요한 설명변수는 지방정부 간의 자원배분에 관한 중앙정부의 결정내용이 된다.

---

114) H. Glennerster, *Paying for Welfare*(Oxford: Basil Blackwell, 1985), p.73.

그리고 각 지방정부의 정책환경적 특성은 이러한 할당과정(allocation process)에 영향을 미치는 범위 내에서만 중요한 것으로 간주되고 있다.[115)]

따라서 이 모형에 있어서 지방정부의 재정지출수준을 결정하는 가장 중요한 독립변수는 중앙정부에 의해서 지방정부에게 지급되는 보조금이 되고 있는데, 왜냐하면 이를 통해 지방정부 간의 자원배분에 관한 중앙정부의 결정내용을 살펴볼 수 있기 때문이다.

지방정부 재정지출에 관한 대리인 모형은 지방정부가 자신의 지출수준의 결정과 관련하여 매우 적은 자율성밖에 갖지 못하며, 국고보조금 배분을 통해 나타나는 중앙정부의 의사결정이 지방정부의 재정지출수준을 결정하는 가장 중요한 설명변수라고 본다.

우리나라 기초지방자치단체의 복지지출에 이 모형을 적용하기 위하여 상관분석 후 다음과 같은 회귀모형을 도출하였다.

사회보장비=f (국고보조금)

---

115) M. Kleinman, R. Eastall and E. Roberts, "What Determines Local Authorities' Capital Expenditure on Housing? An Evaluation of Various Models", *Urban Studies*, Vol. 27(1990), pp.404－406.

지방정부의 재정지출수준의 결정에 대한 중앙정부의 영향은 국고보조금을 통해서 나타난다. 왜냐하면 중앙집권성이 강하거나 또는 지방분권성이 강하거나 간에 상관없이 중앙정부는 보조금을 통해 자신의 의사를 관철시키려 하며, 이에 따라 지방정부의 지출정책도 큰 영향을 받기 때문이다.[116)]

국고보조금은 자치단체의 행정사무 중에서 전국적 이익과 관련이 깊거나 또는 국가적 관심의 대상이 되는 특정한 사무에 대하여 이를 장려하기 위해 지불되는 것으로 그 용도에 반한 사용은 허용되지 아니하며, 따라서 중앙정부정책의 상의하달을 위한 재정수단으로서 가장 유력한 것이 되고 있다.

그런데 Brazer가 보조금이 지방정부의 복지지출수준에 영향을 미치는 것으로 발표한 이래 Fisher, Sachs－Harris, Jones－Roeder 등 많은 학자들이 중앙정부의 보조금이 지방정부의 지출수준에 미치는 영향력을 분석하였다. 특히 보조금은 지방정부의 많은 사업들 가운데서도 일상적이고 지속적인 사업보다는 복지지출과 같은 재분배사업에 많은 영향을 준 것으로 밝혀졌다.[117)]

---

116) J. Osman, “On the Use of Intergovernmental Aid as an Expenditure Determinants”, *National Tax Journal*, Vol. 21(1968), pp.438－441.

117) B. Jones, *Assessing the products of Governments*(Lexington, 1982), pp.155－169; M. Rich, “Distributive Politics and

한편 복지사업 이외의 다른 부문에 대한 보조금도 복지지출에 대해 긍정적 영향을 미치고 있는 것으로 분석되고 있는데, 왜냐하면 다른 부문에 대한 보조금이 지급되는 경우 지방정부의 자금사정이 호전되어 상대적으로 복지사업에 대해 지출할 수 있는 여력이 커지거나(소득효과), 기능간의 보완관계에 의해 특정한 지출의 증가에 따라 복지지출이 동반 증가할 수 있기 때문이다(보완효과).

대리인 모형에 대한 검증결과는 다음과 같다.

〈표 14〉 대리인 모형의 적용

변 수	회귀계수(b)	BETA	t-값	P-값(유의수준)
국고보조금	1.4275	0.7713	9.724	0.0000
R^2 =0.59		F=93.8976		(Prob 〉 F)=0.0000

대리인 모형의 전체적 설명력(R^2)은 0,59로서 전통적 지출결정요인론보다 높게 나타났으며, 1인당 국고보조금이라는 독립변수의 종속변수에 대한 영향도 예상했던 방향으로(b=+1.4275) 통계적으로 상당히 유의미하게 나타났다. 즉 기초자치단체 복지지출수준의 약 59%는 1인당 보조금수준으로 설명될 수 있으며, 1인당 보조금이 1단위 올라가면 1인당

Allocation of Federal Grants", *APSR,* Vol. 82(1989), pp.193-213.

복지지출이 약 1.43단위 증가하는 관계를 보여주고 있다.

그런데 국고보조금의 지방정부지출에 대한 이러한 영향과 관련하여 Osman은 회귀분석결과 도출된 국고보조금의 회귀계수(b)를 가지고 국고보조금의 지방정부지출에 대한 효과를 다음과 같이 파악할 수 있다고 한다.[118]

b<0: 특정한 기능에 대한 국고보조금의 교부가 그 분야에 대한 1인당 지출을 오히려 감소시킨 경우

b=0: 국고보조금의 교부 후에도 지방정부 1인당 지출수준이 전혀 변화되지 않은 경우

0<b<1: 국고보조금이 지방정부 지출수준을 증가시켰으나 추가적인 자극효과는 없는 경우

b>1: 국고보조금의 교부가 지방정부 지출수준에 대해 추가적인 자극효과를 갖는 경우

이러한 기준에 비추어보면 우리나라의 사회복지 국고보조금은 지방정부의 1인당 복지지출에 대해 자극효과를 갖는다고 할 수 있는데, 즉 국고보조금이 교부되는 경우 각 지방정부는 수령한 만큼만 지출하는 것이 아니라 그 외에

118) J. W. Osman, “On the Use of Interorganizational Aid as an Expenditure Determinants”, *National Tax Journal*, Vol. 21(1968), p.362.

추가적인 지출을 하고 있다는 것이다. 그런데 국고보조금이 지방정부 복지지출에 대해 갖는 이러한 자극효과는 바로 국고보조금에 따른 지방비부담에 기인한 것이다. 즉 우리나라의 국고보조금제도는 사업에 따라 정도의 차이는 있지만 국고보조금이 교부되는 경우 이에 따른 도비보조금의 교부와 시·군비부담을 의무화하고 있는 경우가 대부분이다.

따라서 이와 같은 재정구조 아래서 각 지방정부는 복지사업에 관한 자율성을 거의 갖지 못하며, 중앙정부의 의사결정에 따른 단순한 대리인(agency)으로 전락하게 되는 것이다. 이러한 경향은 특히 국고보조금이 복지사업비에서 차지하는 비중이 큰 지역일수록 더욱 크게 나타나게 된다.

2. 점증주의 이론모형 및 그 적용

지방정부의 재정지출수준 결정에 관한 다른 이론모형들이 모두 암묵적으로 가정하고 있는 것은 재정지출결정을 관리하고 집행하는 관료제를 일종의 암흑상자(black box)로 보고 있다는 점이다. 즉 이러한 과정 속에서 투입은 그것이 사회경제적 특성이든, 정치적 변수이든 또는 중앙정부의 결정이든지 간에 상관없이 별다른 노력 없이 즉각적으로

(costless and instantaneous) 정책산출로 전환된다는 것이다.

그러나 이와는 대조적으로 점증주의자들은 관료제에 의한 예산결정에 그 초점을 맞추고 있다. 점증주의는 매우 다양하게 정의되고 있으나 특정한 연도의 정부지출수준은 전년도 지출수준의 일정한 비율로써 결정된다는 것이다. 즉 현재의 재정지출수준은 전년도 재정지출수준에 대한 일정한 증가나 감소(constant rate increment or decrement)로 설명된다는 것이다.[119] 이처럼 점증주의자들은 현재의 정책이나 지출수준 등을 앞으로의 정책결정을 위한 기반(base)으로 보며, 예산결정자들의 관심은 현상으로부터의 일탈, 즉 새로운 사업이나 정책 또는 현재의 사업의 증감이나 변경 등에 모아지게 된다고 한다.[120]

따라서 이 이론모형에 의하면 금년도 정부지출은 전년도 정부지출과 함수관계에 있으며, 이에 따라 재정지출의 변화는 급진적이고 근본적이라기보다는 점증적이거나 부분적이라는 것이다. 왜냐하면 점증주의적 접근에 있어서 의사결정자는 잘 정의되고 완전히 합의된 목표를 가질 수 없고, 모든 가능한 대안들을 고려할 수 없으며, 각 대안들의 비교를

---

119) A. Wildavsky, *Budgeting: A comparative Theory of Budgetary Process*(New Brunswick: Transaction Books, 1986), pp.10－11.

120) I. Sharkansky, *Spending in the American State*(Chicago: Rand Mcnally, 1968).

위한 충분한 정보를 가질 수 없기 때문에 기껏해야 만족할 만한(satisficing) 결정을 내릴 수밖에 없다고 가정되고 있기 때문이다.[121] 즉 점증주의 모형에 있어서 재정지출결정은 점진적 변화(muddling-through)의 과정이며, 그 결과 재정지출은 매우 부분적으로 변화될 수밖에 없으며 장기적으로는 매우 안정되는 경향에 있다고 한다.

이러한 관점에서 Jacob은 지난 수십 년간에 걸친 정부지출의 지속적인 증가를 설명해주는 가장 확실한 모형은 점증주의 모형이라고 결론짓고 있다.[122] 그러나 이 모형이 재정지출 결정의 점증적 성향을 잘 설명하고 있기는 하지만 또한 많은 비판을 받아 왔는데, 그 주된 비판은 이 모형이 재정지출결정에 영향을 미치는 환경적 요인이나 조직내부과정 등의 요소를 간과하고 있다는 데 모아지고 있다. 그리고 많은 경험적 연구들이 이 모형의 예측에서 크게 일탈한 결과를 보인 것도 이론의 유용성과 타당성을 의심받게 하는 계기가 되었다.[123]

---

121) C. Lindblom, "The Science of Muddling Through", *Public administration Review*, Vol. 19(1959); H. Simon, *Models of Man*(N. Y.: John Wiley and Sons, 1957), p.204.

122) H. Jacob, *The Frustration of Policy*(Boston: Little Brown and Company, 1984), p.16.

123) P. Natchez and I. Bupp, "Policy and Priority in the Budgetary Process", *APSR*, Vol. 67(1973), pp.951-963; J. Gist, "Stability and Competition in Budgetary Theory",

지출결정에 관한 점증주의 모형은 지방의회 의원들이나 지방행정가들이 당해 연도 지출수준을 결정하는 데 있어서 전년도 지출수준을 기반으로 사용하고 있기 때문에 결국 전년도 지출수준이 다음 연도의 지출수준을 결정하는 데 있어서 가장 중요한 설명변수라고 본다.

우리나라 기초지방자치단체의 복지지출에 이 모형을 적용하기 위하여 다음과 같은 회귀모형을 설정하였다.

사회보장비=f (전년도 사회보장비)

지방정부의 재정지출결정에 있어서 전년도 지출이 금년도 지출에 영향을 미친다는 사실은 그리 놀라운 일이 아니다. Sharkansky는 현재의 지출수준과 60년 전의 지출수준 사이에 높은 상관관계가 있음을 밝히면서, 지방정부의 공공지출패턴은 20세기에 들어와 큰 변화가 없었다고까지 말하고 있다.[124] 그리고 Schneider는 과거의 지출수준이 현재 및 미래의 지출수준결정에 있어서 기반(base)으로 작용한다고 보고 있다.[125]

APSR, Vol. 76(1982),pp.859－872; K. Kemp, "Instability in Budgeting for Federal Regulatory Agencies", *Social Science Quarterly*, Vol. 63(1982), pp.642－660.

124) I. Sharkansky, *Spending in the American States*(Chicago: Rand Mcnally, 1968), p.40.

그러나 우리나라처럼 복지지출의 국고보조율이 높은 곳에서는 이러한 작용이 상대적으로 낮다는 주장이 있다. 왜냐하면 국고보조율이 일정하지 않고 해마다 달라지면 전년도 지출의 영향은 상대적으로 약화될 수밖에 없기 때문이다.[126)]

점증주의 모형에 대한 검증결과는 다음과 같다.

〈표 15〉 점증주의 모형의 적용

변 수	회귀계수(b)	BETA	t-값	P-값(유의수준)
전년도 사회보장비	0.7276	0.7994	10.673	0.0000
R^2 =0.65	F=114.3254		(Prob 〉 F)=0.0000	

우선 모형의 전체적 설명력(R^2)은 0.65로서 지금까지 살펴본 여러 이론모형들 가운데 제일 높았으며, 따라서 지방정부 복지지출수준은 전년도 지출수준을 통해 가장 잘 설명된다고 할 수 있다. 또한 회귀계수도 예상대로 정(+)의 방향에서 강력한 유의성을 갖는 것으로 밝혀졌다.

이러한 분석결과는 지체된 종속변수, 즉 전년도 지출을

125) M. Schneider, "Local Budgets and the Maximization of Local Property Wealth ih the System of Suburban Government", *Journal of Politics*, Vol. 49(1987), pp.1105-1116.

126) 강인재, 앞의 글, p.80.

독립변수의 하나로 포함시키고 있는 대부분의 선행연구들의 결과와 일치한다. 따라서 우리나라 지방정부의 복지지출수준은 대체로 전년도 지출수준에 바탕을 두고 점증적으로 변화해 간다고 할 수 있다.

3. 재정능력 이론모형 및 그 적용

일찍이 Hofferbert와 Sharkansky가 지방정부의 지출결정에 있어서 나타나는 세입능력(revenue availability)의 중요성을 밝힌 이래 많은 연구들이 재정지출과 정부세입과의 관계를 규명하고 있다.[127]

그런데 Wildavsky는 지방정부의 경우 세입의 탄력성이 적고 세원이 빈약하기 때문에 지출결정은 전적으로 세입의 범위 내에서 이루어지며, 따라서 지방정부의 예산을 세입예산(revenue budgeting)이라고 규정하고 있다.[128] 즉 지방정

127) R. Hofferbert, "Socio-Economic Dimensions of the American States: 1890-1960", Midwest Journal of Political Science, Vol. 12(1968), pp.401-418; M. Marlow and N. Manage, "The Causal Relation between Federal Expenditures and Receipts", Southern Economic Journal, Vol. 52(1986), pp.617-629.

부는 그해의 경제사회적 여건의 진단과 중앙정부 보조금의 예측을 통해서 총세입규모를 산정하고, 이러한 재정능력의 범위 내에서 조직내부과정을 통해 자원배분에 관한 의사결정을 한다는 것이다.

따라서 이 모형에 있어서 지방정부의 재정지출수준과 가장 관련이 높은 변수는 지방정부의 재정능력이 되며, 이러한 재정능력은 예산결정에 대한 일종의 제약조건(constraints)으로서 작용하게 되는 것이다.

지방정부 재정지출결정에 관한 재정능력 모형은 각 지방정부가 재정능력이라는 예산결정에 대한 일종의 제약조건 아래서 세출결정을 하게 되므로, 각 지방정부의 재정능력은 지방정부의 재정지출수준을 설명해 주는 가장 좋은 설명변수라는 것이다.

우리나라 기초지방자치단체의 복지지출에 이 모형을 적용하기 위하여 상관분석 결과 다음과 같은 회귀모형을 설정하였다.

사회보장비=f (1인당 세입규모, 재정자립도)

지방정부의 재정지출결정에 있어서 일종의 제약조건으로서의 영향을 미치는 세입능력(revenue availability)을 측정

---

128) A. Wildavsky, *op. cit.*, p.16.

하기 위하여 1인당 세입규모와 재정자립도라는 지표가 사용될 수 있다. 복지지출에 사용되는 재원이 특정한 것에 국한되지는 않기 때문에 1인당 세입규모는 지방정부의 재정능력을 나타내주는 또 다른 지표인 1인당 재산세세입(per capita property tax revenue)보다는 더 적절하다고 하겠다.

그리고 재정자립도는 지방정부의 재정에 있어서의 자주성을 나타내 주는 지표로서, 총재원 중에서 의존재원인 지방교부세와 보조금을 제외한 자체재원(지방세수입과 세외수입의 합계)이 차지하는 비율을 의미한다.

재정능력 모형에 대한 검증결과는 다음과 같다.

〈표 16〉 재정능력 모형의 적용

변 수	회귀계수(b)	BETA	t-값	P-값(유의수준)
1인당 세입규모	0.0081	0.0753	0.653	0.5165
재정자립도	-0.3276	-0.6741	-5.651	0.0000
R^2=0.41		F=21.2372		(Prob 〉 F)=0.0000

우선 모형의 전체적 설명력(R^2)은 0.41로서 상당히 낮았는데, 이러한 결과는 각 지방정부의 재정능력이 종속변수인 복지지출수준을 잘 설명해 주지 못하고 있음을 의미하며, 결국 재정능력 모형은 우리나라 지방정부의 복지지출결정에 관한한 별로 유용한 모형이 되지 못하고 있음을 나타내

는 것이다.

또한 각 독립변수들의 종속변수에 대한 개별적 영향력을 검토해 보면, 우선 재정자립도는 통계적으로는 유의미한 영향을 주는 것으로 밝혀졌으나, 회귀계수의 방향이 예상과는 반대인 음(−)의 관계를 갖는 것으로 나타났다. 그리고 지방정부의 자주재원의 크기를 나타내 주는 변수인 1인당 세입규모는 통계적 유의성을 보여주지 못했다.

그런데 지방의 재정자립도가 높아질수록 재정에 있어서의 자주성이 커지므로 1인당 복지지출수준이 커질 것이라는 예상과는 달리 다소 의외인 반대의 결과를 보여준 것은 다름 아닌 제3의 변수가 개입된 허위적 관계에서 비롯된 것으로 밝혀졌다. 이를 살펴보기 위해 재정자립도와 높은 상관관계를 보인 복지정책 수혜인구비율 및 국고보조금이라는 제3의 변수들을 모형에 포함시켜 별도로 분석한 결과는 다음과 같다.

〈표 17〉 재정능력의 모형의 적용(2)

변 수	회귀계수(b)	BETA	t－값	P－값(유의수준)
국고보조금	1.0023	0.5398	3.873	0.0004
복지수혜비율	0.3522	0.1735	1.189	
재정자립도	－0.1019	－0.2122	－1.639	0.0000
R^2＝0.62		F＝23.9981		(Prob 〉 F)＝0.0000

표에서 보는 것처럼 재정자립도와 높은 상관관계를 보이는 변수들을 모형에 포함한 결과, 재정자립도는 종속변수인 복지지출수준에 통계적으로 유의미한 영향을 보여주지 못했다. 이것이 의미하는 바는 종속변수에 미치는 다른 변수들의 영향을 통제한다면, 재정자립도 자체가 종속변수에 대해 갖는 순수한 영향은 통계적으로 발견할 수 없다는 것이다. 따라서 복지정책 수혜인구비율이 낮고, 이에 따라 국고보조금도 상대적으로 적게 배분되며, 그 결과 1인당 복지지출수준이 낮은 지역의 재정자립도가 높아서 마치 재정자립도 자체가 지방정부의 복지지출수준에 음(−)의 영향을 미치는 것으로 보였을 뿐이라고 결론지을 수 있다.

제6장
통합적 결정요인론의 모색

- 통합모형의 모색
- 점증주의적 예산결정
- 국고보조금의 영향
- 규모의 경제

1. 통합모형의 모색

지금까지 전통적 결정요인론 및 대안적 결정요인론에 속하는 각 이론모형별로 우리나라 지방정부의 복지지출에 대해 회귀분석을 실시해 보았는데, 그 결과를 종합하면 다음의 표와 같다.

〈표 18〉 각 이론모형의 비교

이론모형	설명력(R^2)	유의미한 독립변수
사회경제적 모형	0.54	복지수혜비율, 도시화
정치적 모형	0.31	정치참여율, 의회지배정당
대리인 모형	0.59	국고보조금
점증주의 모형	0.65	전년도 사회보장비
재정능력 모형	0.41	재정자립도

표에서 보는 것처럼 우리나라 지방정부 복지지출수준을 가장 잘 설명해주는 모형은 점증주의 모형과 대리인 모형이며, 사회경제적 모형도 비교적 높은 설명력을 보이고 있으나, 재정능력 모형과 정치적 모형은 설명력이 상당히 낮음을 알 수 있다. 이 결과는 재정능력과 정치적 변수의 중요성을 상당히 강조하고 있는 외국의 분석결과와는 많이 달라 주목되며, 그만큼 우리나라 지방정부의 재정적 자주성

의 취약함과 지방자치제의 미성숙에 따른 지방주민들의 정치적 의사의 전달통로의 부재를 단적으로 드러낸 것이라고 할 수 있다.

또한 본 연구를 통해 경험적으로 밝혀진 바에 의하면 외국의 지출결정요인 연구에 있어서의 해묵은 쟁점인 '정치적 변수와 사회경제적 변수 간의 우열논쟁'(politics versus economics debate)은 적어도 우리나라 지방정부 재정지출의 결정에 있어서는 거의 무의미한 이론적 논쟁으로 보인다.[129)]

특히 지방자치가 아직 제대로 뿌리를 내리지 못하고 있는 현실에서 지방정치적 변수들은 종속변수에 대하여 통계적으로 유의미한 영향을 거의 미치지 못하고 있는 것으로 밝혀져, 정치적 모형은 아직까지는 우리 현실에 적합하지 못한 이론모형인 것으로 생각된다.

또한 사회경제적 변수도 종속변수에 대해 대부분 직접적인 영향보다는 간접적인 영향관계에 있는 것으로 밝혀져, 사회경제적 모형 역시 설명 및 예측능력이 많이 떨어지는 이론모형인 것으로 생각된다. 그리고 재정능력 모형 또한 지방재정지출에 관한한 별로 유용한 모형이 되지 못하고 있는 것으로 분석되었다.

---

129) 이와 비슷한 논지로는 황윤원, "지방정부예산의 결정변수 분석", 「한국행정학보」, 제21권 제2호(1987), p.396.

반면에 대리인 모형과 점증주의 모형은 지방정부의 재정적 자주성의 취약함과 점증주의적 예산결정행태를 고려하면 이론의 두 가지 중요한 기능인 현상의 설명과 예측이라는 측면에서 우리의 현실에 아주 적합한 이론모형인 것으로 밝혀졌으며, 따라서 우리나라의 경우 지방정부 지출결정요인 연구의 주된 쟁점은 '정치 대 경제'가 아닌 '보조금을 통한 중앙정부의 의사와 지방정부의 점증주의적 관행 간의 다툼'(agency vs incrementalism)으로 보아야 할 것이다.

그리고 현상에 대한 보다 완전한 설명을 위해서는 이에 영향을 미치는 모든 요인들이 포괄될 수 있는 종합적 이론이 요구된다고 할 수 있는데, 이제 각 이론모형별 회귀분석에서 종속변수인 지방재정지출에 유의미한 영향을 미쳤던 변수들 가운데 허위적 관계로 판명된 변수들을 제외하고 통합적 회귀모형을 구성하면 다음과 같다.

사회보장비=f (복지수혜비율, 도시화, 국고보조금,
전년도 사회보장비)

통합모형에 대한 검증결과는 다음과 같다.

〈표 19〉 통합모형의 적용

변 수	회귀계수(b)	BETA	t-값	P-값(유의수준)
전년도 사회보장비	0.3768	0.4203	3.945	0.0001
국고보조금	0.0321	0.4004	3.289	0.0016
도시화	-3.69E-04	-0.1543	-1.949	0.0542
복지수혜비율	0.0021	0.0191	0.169	0.8669
R^2=0.74		F=42.4959		(Prob 〉 F)=0.0000

우선 모형의 전체적 설명력(R^2)은 0.74로 나타나 지금까지 살펴본 어떠한 개별모형보다도 높게 나타났으며, 이 모형에 포함된 독립변수들이 우리나라 지방정부의 복지지출수준을 약 74% 정도 설명해 주고 있다고 할 수 있다. 그리고 이처럼 높은 설명력은 바로 어떠한 개별 모형보다도 통합모형이 필요함을 보여주는 것이라고 하겠다.

한편 종속변수에 유의미한 영향을 준 독립변수로는 전년도 사회보장비, 1인당 국고보조금, 도시화로 밝혀졌으며, 복지정책 수혜인구비율은 직접적으로는 유의미한 영향을 미치지 못하고 있는 것으로 나타났다. 그런데 복지수요를 나타내는 복지정책 수혜인구비율이 복지지출에 대해 유의미한 직접적 영향을 보여주지 못한 이유는 바로 국고보조금 및 전년도 지출과의 다공선성(multicollinearity) 때문인데, 따라서 복지정책 수혜인구비율이 종속변수에 대하여 갖는 간접적 영향은 경로

분석 등을 통해 밝혀질 수 있을 것이다.

종속변수에 대하여 각 독립변수들이 미치는 영향력의 상대적 크기에 대하여 비교해 보면, 전년도 지출수준이 가장 높고, 다음으로 국고보조금이 비슷하게 높은 것으로 나타났으며, 인구규모로 측정된 도시화 변수는 제일 미미한 영향력을 미치는 것으로 밝혀졌다.

따라서 우리나라 지방정부의 복지지출은 대체로 점증주의적으로 결정되고, 국고보조금의 영향을 많이 받으며, 규모의 경제(economies of scale)가 작용하여 인구규모가 커질수록 상대적으로 1인당 지출수준이 낮게 결정되고 있다고 결론지을 수 있다.

2. 점증주의적 예산결정

지금까지 검토한 바와 같이 점증주의는 우리나라 지방정부 재정지출수준을 결정하는 가장 중요한 설명변수로 밝혀졌다. 정부지출결정에 관한 점증주의 이론의 주요한 내용 중의 하나는 바로 특정한 연도의 정부지출수준이 전년도 지출수준의 일정한 비율(constant rate)로서 결정된다는 것이다. 그런데 이처럼 예산이 전년도 예산의 일정한 비율로 소폭적으로 증감한다고 할 때, 그 증감의 범위가 어느 정도이냐에 대해서는 분명한 기준이 없다. Wildavsky 등은 예산의 증감폭이 10%까지를 점증적, 11~30%까지를 중간적, 31% 이상을 비점증적이라고 보았으며, Danziger는 －5%~15%까지를 점증적, －10~－6%까지 및 16~30%까지를 상대적 점증, －11% 이하와 31% 이상의 변화를 비점증적이라고 규정하고 있다.[130)]

한편 일정비율변화모형(constant rate model)과 함께 점증주의적 예산결정이론의 또 다른 주요 내용을 이루고 있는 것은 바로 공정배분모형(fair share model)으로서, 각 사업별 예산이 지방정부의 총예산에서 차지하는 비율은 전년도의 비율과 일정한 함수관계를 이룬다는 것이다. 즉 특정 지출이 총지출에서 차지하는 비중은 해마다 크게 달라지지 않는다는 것인데, 왜냐하면 지방정부에 있어서 각 사업들간에는 영역확장을 위한 Zero－Sum Game적인 치열한 예산확보다툼이 있기 마련이고, 그 결과 각 사업들이 전년도에 배분받았던 몫은 올해에도 받을 것으로 기대되는 공정한 몫(fair share)으로 작용하고 있다는 것이다. 이를 살펴보기 위해 다음과 같은 회귀모형을 구성할 수 있다.

---

130) O. A. Davis, M. A. Demster and A. Wildavsky, "A Theory of the Budgetary Process", *The American Political Science Review*, Vol. 60(1966), p.53.

사회보장비 비율=f (전년도 사회보장비 비율)

이 모형에 대한 분석결과는 다음과 같다.

〈표 20〉 공정배분모형의 적용

변 수	회귀계수(b)	BETA	t-값	P-값(유의수준)
전년도비율	0.6968	0.7629	9.923	0.0000
R^2=0.61		F=98.2319		(Prob 〉 F)=0.0000

분석결과를 보면 공정배분모형은 설명력(R^2)이 0.61에 불과해 일정비율변화모형의 설명력 0.65에 비해 다소 낮지만, 여전히 높은 설명력을 보여줘 이 모형에 의해서도 지방정부의 지출결정이 점증적으로 이루어지고 있음을 알 수 있다고 하겠다.

3. 국고보조금의 영향

지금까지의 분석을 통하여 국고보조금은 우리나라 지방정부의 지출결정에 있어서 결정적 영향을 미치는 매우 중요한 요인으로 밝혀졌다. 국고보조금이란 국가사업과 지방사업간의 연계를 강화하고, 국가의 정책적 필요에 따라 특정한 지방사업을 지원하거나 기관위임사무를 처리하게 하기 위하여 중앙정부에 속하는 특정 재원에 대한 지출권을 지방정부에게 위임한 것을 의미한다. 따라서 다 같은 지방재정조정제도에 속하는 지방교부세나 지방양여금과는 몇 가지 점에서 차이가 있다. 우선 지방교부세는 특정한 사용용도가 지정되지 않고, 지방비부담이 요구되지 않는다는 점에서 용도가 한정되고 보통 지방비부담이 요구되는 국고보조금과 차이가 있으며, 지방양여금은 원래 지방정부의 재원이나 편의상 중앙정부가 이를 징수하여 지방정부에 교부하는 것이라는 점에서 중앙의 재원인 국고보조금과 차이가 있다.[131]

그런데 국고보조금의 총액은 중앙정부 예산에 의해서 결정되지만, 그것의 지역별 배분은 보통 두 가지 형태를 취하고 있는데, 하나는 지역의 신청에 의하여 중앙의 각 부처가 이를 사정한 다음 배분하는 경우이며, 다른 하나는 국가시책상 필요하다고 인정될 때 중앙정부가 이를 일방적으로 배분하는 경우이다.

먼저 지방정부의 신청에 의해 보조금이 교부되는 경우를 살펴보면, 각 시장군수는 시도를 경유하여 중앙관서의 장에

131) 이영조, “지방자치의 측면에서 본 국고보조금 실태”, 「대구경북행정학회보」, 제4집(1992), p.165.

게 보조금을 신청하고, 신청을 받은 중앙관서의 장은 이를 사정한 다음 기획예산처 장관에 대한 예산요구와 국회의 예산심의를 거쳐 각 지방정부에게 보조금을 교부하게 되는데, 이때 각 자치단체의 재정사정을 감안하여 기준보조율에 일정률을 가감하는 차등보조율을 적용할 수 있게 되어 있다.[132] 따라서 이 경우에 해당하는 보조금은 그 지급대상이 모든 지역에 공통되는 사업으로서 각 지역의 신청에 의해서 배분되는 것이므로 그 배분근거가 어느 정도 타당화될 수 있다고 하겠다.

그리고 지방정부의 신청에 의하지 않고 보조금이 교부되는 경우를 보면, 국가의 주요 시책상 보조금의 교부가 불가피하다고 인정되는 사업이나 국가가 소요경비의 전액을 부담하는 사업의 경우에는 중앙정부에서 일방적으로 보조금을 배분할 수 있도록 하고 있다. 따라서 여기에 해당하는 보조금은 그 배부기준이 명확하지 않고 요건 자체가 매우 추상적이기 때문에 중앙정부의 암묵적 선호(implicit preferences)가 많이 작용하는 것으로 볼 수 있다.

그러나 어느 경우이든 국고보조금은 지방교부세와 같은 다른 국고지원금과는 달리 그 배분에 있어서 특정한 배분공식이 적용되지 않으므로, 각 중앙관서의 자의적인 정책판

132)「보조금의 예산 및 관리에 관한 법률」제4조~17조.

단이 작용할 소지가 크다고 하겠으며, 따라서 보조금배분에 있어서 행정수요의 지역 간 차이 외에 정치적 영향력의 차이와 같은 다른 요인이 개입될 가능성이 많다고 하겠다. 특히 보조금배분에 대한 정치적 요인의 영향은 비록 실증적 연구는 아니지만 여러 학자들에 의해서 그 문제점이 꾸준히 제기되어 왔다.

4. 규모의 경제

각 지방정부의 인구규모는 회귀분석결과 지방재정지출의 직접적 결정요인 가운데 하나로 밝혀졌는데, 즉 다른 요인들이 같다면 인구규모가 큰 지방의 1인당 재정지출수준이 작은 지방에 비해서 그 정도는 크지 않지만 상대적으로 약간 줄어든다는 것으로서, 바로 규모의 경제(economy of scale)가 작용하고 있다는 것을 의미한다. 물론 이러한 결과를 규모의 경제로 보지 않고 인구규모의 확대에 따른 서비스의 상대적인 질 저하로 보는 견해도 있으나, 우리나라처럼 복지사업에 있어서 중앙정부에 의해 정해진 최소시혜기준(national minimum criteria)이 적용되고 있는 상황에서는 복지사업규모의 증대에 따른 규모의 경제 현상이 나타난 것으로 보는 것이 타당할 것이다.

규모의 경제란 공공서비스 산출수준의 증가가 노동에 대한 자본의 대체를 가능하게 함으로써 공공서비스의 단위산출가격을 낮출 때 발생하는 현상을 말한다. 우리나라 지방정부가 수행하는 복지사업의 경우 자본투자(capital investment)보다는 경상이전(current transfer)이 훨씬 많으며, 그 구체적 내역도 생활보호자 등과 같은 복지수요자에 대한 개별적 지출(divisible expenditure)이 대부분이기 때문에 규모의 경제현상이 발생할 소지가 그리 크지 않으나, 복지사업 지출항목 가운데 복지시설 건립운영비와 같은 집합적 지출(indivisible expenditure)도 포함되기 때문에 바로 이러한 부문에서 규모의 경제현상이 발생한다고 보인다.

참고문헌

1. 국내문헌

강인재, "지방정부 공공지출의 결정요인과 결정과정에 관한 연구", 서울대학교 박사학위논문(1987)

강혜규, "지방정부 사회복지 지출 결정요인", 연세대학교 대학원 박사학위논문(2005)

김교성, "지방정부 사회복지비 지출수준의 결정요인 분석", 한국사회복지학회, 「한국사회복지학」, 제41권(2000)

김동완, "지방분권재정의 패러다임과 발전과제", 한국지방재정공제회, 「지방재정」. 통권120호(2003)

김범식 · 손희준 · 송영필, 「지방재정지출의 특성분석 및 정책적 시사점」(삼성경제연구소, 1997)

김병훈, "지방정부지출의 결정요인에 관한 연구", 「한국행정사학회지」 제4호(1995)

김성희, "지방정부의 공공지출변화요인에 관한 분석적 연구", 연세대학교 박사학위논문(1990)

김수완, "한국 지방자치제가 지방정부의 복지예산에 미친 영향에 관한 연구", 서울대학교 석사학위논문(1998)

김태영,「도시재정지출의 효과분석 및 개선방안」(서울: 한국지방행정연구원, 2000)

김태일, "지방의회 구성과 단체장 선출이 자치단체 사회복지지

출 규모에 미친 영향", 한국행정학회, 「한국행정학보」 제35권 제1호(2001)
남궁근, "우리나라 지방정부 지출수준의 결정요인 분석",「한국행정학보」 제28권 제3호(1994)
노시평 외, 「정책학」(비엔엠북스, 2006)
노화준, 「정책학원론」(박영사, 1995)
노화준, "공공정책 결정요인 연구의 전개과정 및 이론적 배경", 「공공정책의 결정요인 분석」(서울: 법문사, 1993)
손희준, "지방자치제 실시에 따른 지방재정지출의 결정요인 분석", 한국행정학회, 「한국행정학보」제33권 제1호(1999)
손희준, "지방재정의 실태와 수요전망", 「지방재정」, 121호(2003)
손희준 외, 「지방재정론」(서울: 대영문화사, 2001)
안소동, "지방자치단체 재정지출의 결정요인에 관한 연구", 단국대학교 박사학위논문(2004)
안희영, "한국 광역자치단체의 사회복지비지출 결정요인에 관한 연구", 명지대학교 박사학위논문(2000)
오승석, "우리나라 사회정책산출의 변화요인에 관한 연구", 서울대학교 박사학위논문(1992)
유병욱, "지방정부에 있어서 정책산출의 결정요인 연구", 「지역사회개발논총」제1집(연세대학교 지역사회개발연구소, 1990)
유재원, "민선단체장 출범이후 지방행정의 변화와 전망", 한국지방자치학회, 「지방자치연구」 제8권 제4호(1996)
유훈, 「지방재정론」(서울: 법문사, 2000)

이상용 · 라휘문, "국세와 지방세의 효율적 재배분방안", 「제5회 지역발전포럼 발표논문집」(2003)
이승종, "지방자치와 지방정부의 복지정책 정향", 한국행정학회, 「한국행정학보」 제34권 제4호(2000)
이영조, "지방자치의 측면에서 본 국고보조금 실태", 「대구경북행정학회보」, 제4집(1992)
이원희, "한국의 사회보장관련 재정지출의 결정과정에 관한 연구", 서울대학교 박사학위논문(1994)
이홍재, "우리나라 재정 지방분권화의 결정요인에 관한 연구", 성균관대학교 박사학위논문(1993)
정병열, 「재정학연습」(도서출판 홍, 2000)
정정길, 「정책학원론」(대명출판사, 1997)
정헌영, "한국 시정부 복지지출수준의 결정요인", 성균관대학교 박사학위논문(1993)
한인숙, "한국 지방자치행정의 연구경향", 「한국행정학보」, 제19권 제1호(1985)
황윤원, "지방정부예산의 결정변수 분석", 「한국행정학보」 제21권 제2호(1987)
내무부 · 행정자치부, 「지방재정연감」(각 연도)
내무부 · 행정자치부, 「지방자치단체예산개요」(2003)
재정경제부, 「조세개요」(각 연도)
한국지방재정공제회, 「지방재정요람」(1991)
행정자치부, 「시 · 군·구 예산개요」(2004)
日本 總務省,「地方財政白書」(각 연도)

2. 국외문헌

Bahl, R. W., Gustley, R. D. and Wasylenko, M. J., "The Determinants of Local Government Police Expenditures: A Public Employment Approach", *National Tax Journal*, Vol. 31(1978)

Bahl, R., et al., *State and Local Government Expenditure Determinants*(Cambridge: Ballinger, 1980)

Brazer, H., *City Expenditure in the U.S.*(N. Y.: National Bureau of Economic Research, 1959)

Carmines, E. C., "The Mediating Influence of State Legislatures on the Link between Interparty Competition and Welfare Policies", *APSR*, Vol. 68(1974)

Castles, F. G., *The Impact of Parties: Politics and Policies in Democratic State*(Sage,, 1982)

Cnudde, C. F. andMcCrone, D. J., "Party Competition and Welfare Policies in the America", *APSR*, Vol. 62(1968)

Collier, D. and Messick, R. E., "Functional Prerequsites versus Diffusion", a paper presented at the 1973 annual meeting of the Midwest Political Science Association(1972)

Crecine, J. P., "A Simulation of Municipal Budgeting", In Sharkansky, I., ed., *Policy Analysis in Political*

Science(Chicago: Markham Publishing Company, 1970)
Crittenden, J., "Dimension of Modernization in the American States", *APSR*, Vol. 61(1967)
Danziger, J., *Making Budgets: Public Resource Allocation*(London: Sage, 1978)
Davis, O. A., Demster, M. A. and A. Wildavsky, A., "A Theory of the Budgetary Process", *The American Political Science Review*, Vol. 60(1966)
Dawson, R. E. and Robinson, J. A., "Interparty Competition, Economic Variables and Welfare Politics in the American State", *Journal of Politics*, Vol. 25(1963)
Dye, Thomas R., *Policy Analysis*(University of Alabama Press, 1976)
Dye, Thomas R., *Undrestanding Public Policy*(Englewood Cliffs, N. J.: Prentice Hall, 1984)
Dye, T. R. and Robey, J. S., "Politics versus Economics: Development of the Literature on Policy Determination", in Dye, T. R. and Grey, V., eds., *The Determinants of Public Policy*(Lexington: D. C. Health and Company, 1980)
Fabricant, S., *Trend of Government Activity in the United States Since 1900*(N. Y.: National Bureau of Econimic Research, 1952)
Fenton, J. H., *People and Parties in Politics*(N. Y.: Scott, 1966)

Fisher, Glen W., "Interstate Variation in State and Local Government Expenditure", *National Tax Journal*, Vol. 17(1964)

Flora, P., "On the Development of the Western European Welfare State". a paper prepared for delivery at the Edinburgh ISPA Congress(1976)

Fry, B. R. and Winters, R. F., "The Politics of Redistribution", *APSR*, Vol. 64(1970)

Gist, J., "Stability and Competition in Budgetary Theory", APSR, Vol. 76(1982)

Glennerster, H., *Paying for Welfare*(Oxford: Basil Blackwell, 1985)

Hofferbert, R., "Socio-Economic Dimensions of the American States: 1890-1960", Midwest Journal of Political Science, Vol. 12(1968)

Hofferbert, Richard I., "The Relationship between Public Policy and Some Structural and Environmental Variables in the American States", *The American Political Science Review*, Vol. 63(1969)

Hofferbert, R., *The Study of Public Policy*(Indianapolis: The Bobbs-Merril Company, 1974)

Jacob, Herbert and Lipsky, Michael, "Outputs, Structure and Power: An Assessment of Changes in the Study of State and Local Politics", *Journal of Politics*, Vol. 30(1968)

Jacob, H., *The Frustration of Policy*(Boston: Little Brown and Company, 1984)

Jacob, H. and Vines, K., *Politics in the American State*(Little Brown, 1971)

Jones, B., *Assessing the products of Governments*(Lexington, 1982)

Kemp, K., "Instability in Budgeting for Federal Regulatory Agencies", *Social Science Quarterly*, Vol. 63(1982)

Key, V. O., *Southern Politics*(N. Y.: Knopf, 1949)

Key, V. O., *American State Politics*(N. Y.: Knopt, 1956)

Key, V. O., "The Lack of Budgetary Theory", *APSR,* Vol. 34(1940)

King, A., "Ideas, Institution and the Policies of Government: A Comparative Analysis", *British Journal of political Science*, Vol. 3(1973)

Kleinman, M., Eastall, Richard and Roberts, Emile, "What Determines Local Authories' Capital Expenditure on Housing? an Evaluation of Various Models", *Urban Studies*, Vol. 27(1990)

Lewis-Beck, M. S., "The Realtive Importance of Socioeconomic and Political Variables for Public Policy", *APSR*, Vol. 71(1977)

Lindblom, C., "The Science of Muddling Through", *Public administration Review*, Vol. 19(1959)

Lineberry, R. L. and Fowler, E. D., "Reformism and Public

Policies in American Cities", *APSR*, Vol. 61(1967)

Lineberry, R., *American Public Policy*(N. Y.: Harper and Row, 1978)

Lockard, D., *The Politics of State and Local Government*(N. Y.: Macmillan, 1963)

Marlow, M. and Manage, N., "The Causal Relation between Federal Expenditures and Receipts", Southern Economic Journal, Vol. 52(1986)

Musgrave, R., *Fiscal Systems(*Yale Univ. Press, 1969)

Natchez, P. and Bupp, I., "Policy and Priority in the Budgetary Process", *APSR*, Vol. 67(1973)

Nicholson, R. J. and Topham, N., "The Determinants of Investment in Housing by Local Authorities", *Journal of the Royal Statistical Society*, Vol. 134(1971)

Nicholson, R. J., et al., "Housing Investment by Different Types of Local Authorities: An Economic Approach", *Bulletin of Economic Research*, Vol. 27(1975)

Osman, J., "On the Use of Intergovernmental Aid as an Expenditure Determinants", *National Tax Journal*, Vol. 21(1968)

Peters, B. G., "Economic and Political effect on the Development of Social Expenditures in France, Sweden, and United Kingdom", *Political Studies,* Vol. 22(1972)

Peters, B. G., "Public Policy, Socioeconomic Conditions and

the Political System", *Polity*, Vol. 5(1972)

Peterson, P., *City Limits*(University of Chicago Press, 1981)

Pulsipher, A. G. and Weatherby, J. L., "Malapportionment, Party Competition, and the Functional Distribution of Government Expenditures", *APSR*, Vol. 62(1968)

Rakoff, S. and Schaefer, G., "Politics, Policy, and Political science", *Politics and Society*, Vol. 1(1970)

Rich, M., "Distributive Politics and Allocation of Federal Grants", *APSR*, Vol. 82(1989)

Rimlinger, G. V., *Welfare Policy and Industrialization in Europe, America and Russia*(N. Y.: John Wiley and Sons, 1971)

Sachs, S. and Harris, R., "The Determinants of State and Local Government Expenditure and Intergovernment Flows of Funds", *National Tax Journal*, Vol. 17(1964)

Schneider, S., "The Evolution of the Modern Welfare State", Unpublished Ph. D. Dissertation, SUNY at Bringhamton(1980)

Schneider, M., "Local Budgets and the Maximization of Local Property Wealth ih the System of Suburban Government", *Journal of Politics*, Vol. 49(1987)

Sharkansky, I. and Hofferbert, R., "Dimensions of State Politics, Economics, and Public Policy", *APSR*, Vol. 63(1969)

Sharkansky, I., *Spending in the American State*(Chicago: Rand Mcnally, 1968)

Sharkansky, I., *Spending in the American States*(Chicago: Rand Mcnally, 1968)

Sharpe, L. J. and Newton, K., *Does Politics Matter? The Determinants of Public Policy*(Oxford: Clarendon, 1984)

Simon, H., *Models of Man*(N. Y.: John Wiley and Sons, 1957)

Sullivan, J., "A Note on Redistributive Policies", *APSR*, Vol. 66(1972)

Tompkins, G. L., "A Causal Model of State Welfare Expenditures", *Jounal of Politics*, Vol. 37(1975)

Verner, J. C., "Socioeconomic Environment, Political System and Educational Policy Outcomes: A Comparative Ananlysis of 102 countries", *Comparative Politics*, Vol. 20(1979)

Walker, J. L., "The Diffusion of Innovation among the American States", *APSR*, Vol. 63(1969)

Wildavsky. A., *The Politics of Budgetary Process*(Boston: Little Brown, 1985)

Wildavsky, A., *Budgeting: A comparative Theory of Budgetary Process*(New Brunswick: Transaction Books, 1986)

Wilensky, H., *The Welfare State and Equality*(Berkely: Univ.

of California Press, 1975)

Wong, K., "Economic Constraint and Political Choice in Urban Policymaking", *American journal of political Science,* Vol. 32(1988)

• 저자 •

정헌영 •약 력•

성균관대학교 행정학과 졸업
서울대학교 행정대학원 행정학 석사
성균관대학교 대학원 행정학 박사
독학사시험 행정학 분야 출제위원
성균관대학교 및 청주대학교 출강
한국정책과학학회 이사
(현) 서경대학교 행정학과 교수
한국보훈학회 서울지회장

•주요논저•

「한국 시정부 복지지출수준의 결정요인」
「지방자치실시에 따른 지방정부 재정지출의 변화 및 원인」
「지방정부 공유재산의 효율적 관리방안 연구」
「행정윤리의 성립가능성 및 확립방안」
「중장기복무 제대군인 취업지원정책의 발전방향」
「탈냉전 이후 안보환경의 변화에 따른 신세대 안보인식의 특성」
「민족통일과 북한」(공저)
외 다수

지방재정지출의 결정요인

• 초판 인쇄 2007년 12월 31일
• 초판 발행 2007년 12월 31일

• 지 은 이 정헌영
• 펴 낸 이 채종준
• 펴 낸 곳 한국학술정보㈜
경기도 파주시 교하읍 문발리 513-5
파주출판문화정보산업단지
전화 031) 908-3189(대표) · 팩스 031) 908-3189
홈페이지 http://www.kstudy.com
e-mail(출판사업부) publish@kstudy.com
• 등 록 제일산-115호(2000. 6. 19)
• 가 격 10,000원

ISBN 978-89-534-7805-3 93350 (Paper Book)
978-89-534-7806-0 98350 (e-Book)